KB049302

우리가 꼭 알아야 할
베트남
역사 이야기

일러두기

1. 단어의 띄어쓰기는 『표준국어대사전』을 원칙으로 하되 『우리말샘』에 실린 용례 또한 활용했다. 다만 일부 전문 용어는 「한글 맞춤법」에서 정한 허용 기준에 따라 붙여 썼다.
   · 칭기즈 칸 → 칭기즈칸/크메르 루주 → 크메르루주
2. 인명과 지명은 「외래어 표기법」을 따랐으나, 일부 표기와 표현 방식에 다른 점이 있다.
   ① 시대에 따라 달리 부르는 지명은 서술 시점에 맞춰 적되, 괄호 안에 시점을 병기하거나 본문 하단에 관련 정보를 넣었다.
   · 사이공(현 호찌민)/호찌민(과거 자딘)/탕롱(현 하노이)/푸쑤언(현 후에)
   ② 한국어와 베트남어는 언어 체계가 상이해서, 자연물이나 행정 단위를 지명 등과 이어 적을 때 그 순서가 다르다. 예를 들어 서호(西湖)를 베트남어 읽기로 적으면 호떠이[湖西]라고 해야 하나, 우리 언어 방식과 다른 점을 고려해 떠이호처럼 적었다. 이때 지명 등은 베트남어 읽기를 하고, 자연물과 행정 단위 등을 뜻하는 말은 우리 한자음 읽기를 하였다.
   · 띤타인호아 → 타인호아성{[淸化](省)}/송박당 → 박당강{[白藤](江)}
   ③ 베트남 왕을 가리키는 말은 연호·묘호·시호·휘가 섞여 있으나, 이를 엄격히 구별하지 않고 널리 알려진 칭호를 따랐다. 이는 과거 베트남 자료가 각기 기준을 달리하면서 생긴 문제인데, 통상적으로 알려진 명칭을 쓰지 않으면 이해하기 쉽지 않다는 점을 고려한 것이다. 한편, 베트남식 표기가 점차 세력을 형성하고 있는 점 등을 감안해 「외래어 표기법」에 따른 표기를 우선으로 하고, 한 인물이 여러 명칭으로 불리는 경우에는 괄호 안이나 본문 하단에 병기하였다.
   · 레타이또(레태조)/레우이묵데(레위목제)/찌에우호앙데(소황제)
   ④ 한무제(漢武帝)나 당태종(唐太宗) 등 중국 왕조 왕명의 표기 경향으로 볼 때, 레태조 역시 여태조(黎太祖)라고 적는 것이 그동안 우리가 일반적으로 써 오던 방식이 될 터이나, ③에서 정한 원칙에 따라 성은 베트남어 읽기를 따랐다. 이 또한 명칭의 혼용에서 오는 혼란을 최대한 막기 위한 차선이다.
   · 리꽁우언(리타이또, 리태조)/레러이(레타이또, 레태조)
   ⑤ 중국 과거 왕명과 인물은 우리 한자음으로 적고, 현대 인물은 「외래어 표기법」을 따라 적었다.
   · 우리 한자음으로 적은 예, 한무제/영락제/소정
   · 「외래어 표기법」에 따라 적은 예, 량치차오/마오쩌둥/덩샤오핑
3. 연도나 인원 수 등 각 수치는 최대한 교차 검증을 하였으나, 사료마다 다른 경우가 있다는 점을 밝혀 둔다. 또한 사건의 진행에 따라 최종 수치 등에서 차이가 있다.
   · 북베트남군의 구정 공세 때 사상자 수 등

아우름 스페셜

우리가 꼭 알아야 할 베트남 ★ 역사 이야기

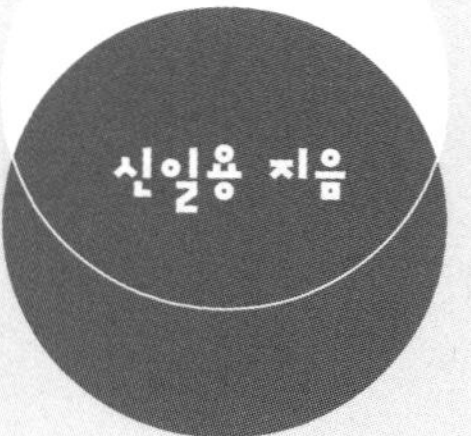

신일용 지음

샘터

작가의 말

우리는 베트남을 어떻게 바라보아야 하는가?

대한민국은 베트남에 대한 외국 투자 규모와 베트남을 방문하는 외국인 관광객 수에서 1, 2위를 다툰다. 베트남 역시 우리나라로 이주하는 외국인 중 다수를 차지하는 나라이다. 특히 다문화 가정 자녀 가운데는 베트남 출신 부모를 둔 학생의 비율이 높은 편이다. 즉 베트남은 우리와 경제적으로나 인적 교류 측면에서 인연이 깊은 나라 중 하나이다.

베트남은 인구가 1억 명에 육박하는 큰 나라이며 우리와 마찬가지로 수천 년의 유구한 역사를 자랑한다. 중국이라는 초강대국을 바로 옆에 둔 지정학적 위치 때문에 늘 위협과 침략에 시달렸지만, 독립을 유지하기 위해 무던히 애를 쓴 민족이기도 하다. 베트남 또한 우리나라와 마찬가지로 일찍이 유교를 받아들여 국가 운영과 생활 의식의 기초로 삼았고, 그래서인지 여러 가지 측면에서 우리와 매우 흡사한 정서와 사고방식을 지니고 있다.

최근 K팝을 앞세운 한류가 전 세계를 강타하고 있다. 이 현상은 우리와 문화적 동질성이 많은 베트남에서도 물론 예외가 아니다. 하지만 한류가 더욱 성숙하고 지속되려면 여러 전제가 필요한데, 그중 하나가 상대방을 존중하고 이해하려는 노력이라고 생각한다. 문화의 일방적인 수출은 바람직하지도 않고 지속 가능하지도 않다. 불과 30~40년 전만 해도 일본의 드라마, 영화, 노래가 동남아를 휩쓸었지만 어느새 사라지고 말았다. 그 이유는 자국 문화의 성취에만 들떠 상대방을 이해하려는 노력을 하지 않았기 때문이 아닐까? 그렇다면 우리는 좀 더 열린 마음으로 세계인을 대해야 하지 않을까?

전작 『우리가 몰랐던 동남아 이야기』에서 베트남 역사만 별도로 보완해서 어른은 물론 중학생들까지도 이해할 수 있도록 쉽게 써 달라는 의뢰를 받았을 때 처음에는 다소 내키지 않았다. 어느 정도 쉽게 써야 할지도 가늠하기 힘든 데다가 쉽게 써야 한다는 조건 때문에 꼭 필요한 이야기들을 희생시켜야 할 것 같았기 때문이다. 그래서 집필을 의뢰한 CJ나눔재단에 그들이 지원하는 다문화 가정의 어린 잠재 독자들을 만나게 해 달라고 부탁했다. 이 책을 쓸 용기를 얻은 것은 이때 만난 어느 중학교 2학년 여학생과의 대화를 통해서이다.

"무슨 과목을 좋아하니?"
"영어와 역사를 좋아해요."
"영어를 좋아하는 이유라도 있니?"
"세상 사람들을 만날 때 자유롭게 이야기할 수 있잖아요."
"그렇구나. 그럼 역사는?"
"역사는 스토리잖아요. 그래서 재미있어요."

여학생은 나의 이야기를 들을 준비가 충분히 되어 있었다. 그렇다. 역사는 이야기이다. 인물과 연대와 사건 들을 나열하는 것만으로는 이야기가 되지 않는다. 그것들은 그저 역사적 사실일 뿐이다.

이 책을 통하여 독자들이 그 여학생의 말처럼 베트남이라는 나라를 하나의 거대한 이야기로 이해할 수 있다면, 그리고 그들의 역사와 문화를 배우며 진정한 친구가 되려는 조그만 생각을 일으킬 수 있다면 참 좋겠다. 그러고 보니 올해가 우리와 베트남이 외교 관계를 수립한지 꼭 30년이 되는 해이다.

2022년 11월 신일용

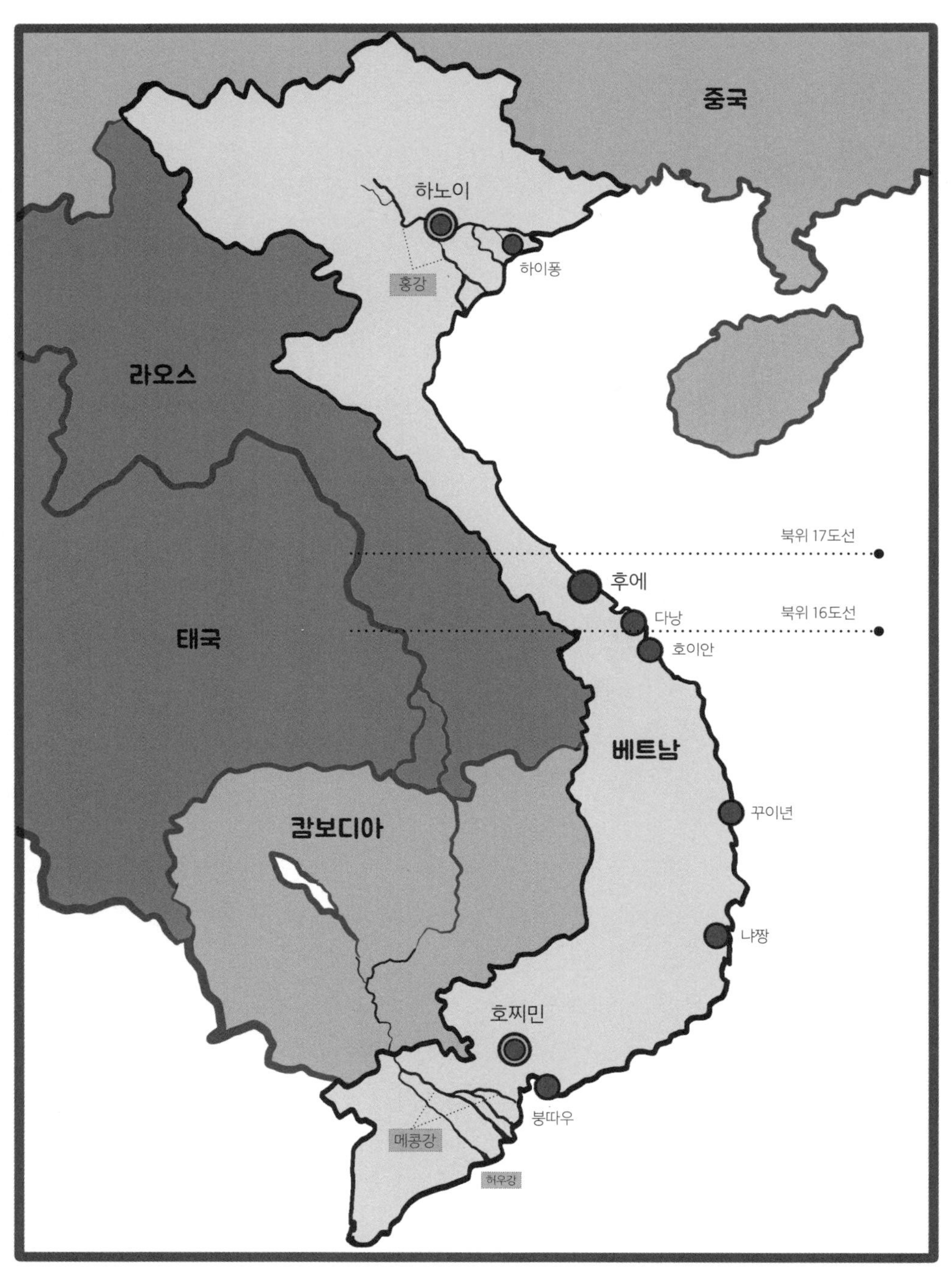
중국
하노이
하이퐁
홍강
라오스
북위 17도선
후에
다낭
북위 16도선
호이안
태국
베트남
캄보디아
꾸이년
냐짱
호찌민
붕따우
메콩강
허우강

• 베트남 주요 도시

차례

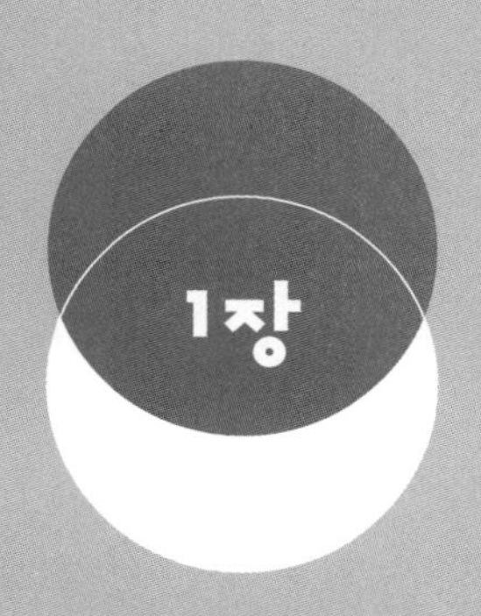

건국 신화부터

궤 왕조까지

둥~

두둥~

이 세상이 생긴 지 얼마 안 된
아주아주 오랜 옛날…

까마득한 신화의 시대,
지금의 중국 땅에
반은 신이고 반은 인간인
세 임금이 나타났다.
짜잔~

이들은 사람들에게 농사짓는 법과
불 피우는 법과

집 짓는 법을 가르쳐 인간답게
살도록 해 주었지.

이들이 바로 삼황오제 시절의
신농씨, 복희씨, 여와씨라 불리는
삼황이었어.*

• 삼황을 누구로 볼 것인지는 여러 설이 있다. 여기서는 『풍속통의(風俗通義)』를 따랐다.

신농씨의 후손 중에 데민이라는
사람이 있었다.

어느 날 심심했는지 마누라와 아들을 중국 땅에
남겨 두고 여행을 떠났다는 거야.

데민이 도착한 곳이 지금의 중국 남부와 베트남 북부에 해당하는 지역이었다.

그들은 결혼해서 귀여운
아기까지 낳았대.
나 사실
유부남인데…

아빠
어디 가?
호오~ 북쪽에
두고 온
제 형보다 훨씬
똑똑한데?
Hi, I am 록뚝~
What's your name?

이 아이 록뚝이 자라서 아들을 낳았으니
그가 락롱꾸언이다.
록뚝
락롱꾸언
락롱꾸언이 자라서
남쪽을 다스리고 있을 때
전쟁이 일어났다.

북쪽에 두고 왔던 이 아이의
아들이 쳐들어온 거야.

북쪽을 우습게 보는
남쪽 아이들에게
본때를 보여 주리!!
근데 이 예쁘장한
여인은 누구지?
데민의 손자
데라이

이 여장부로 말할 것 같으면
데라이의 아내 어우꺼이다

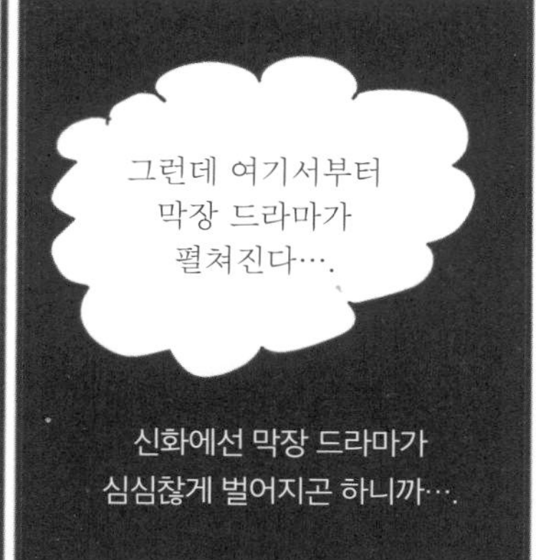
그런데 여기서부터
막장 드라마가
펼쳐진다….
신화에선 막장 드라마가
심심찮게 벌어지곤 하니까….

껄껄껄~
형님은 내 상대가
안 되오.
건방진 놈
내 칼을
받아랏!
어머멋~
우리 남편보다
훨씬 멋지잖아!

할아버지 때도 이러더니….
파파파팟~

이래서 아내를 빼앗긴 데라이는 본전도 못 건지고
북쪽으로 돌아갔다는 거야.

락롱꾸언과 결혼한 어우꺼는 얼마 후
아기를 낳았는데…

사람이 알을 낳았다는 신화는 드물지 않다.
우리나라에도 박혁거세와 주몽이 있잖아.

얼마 후 어우꺼가 낳은
알이 부화를 했는데

무려 100 쌍둥이가 태어난 거야.

오 마이 갓!!
한꺼번에
백 명의 아기를
어떻게 키울 거야!?
응애응애X100

$$#&
@@#

….

이렇게
합시다!!

냉정하게 생각합시다.
당신 벌이로는
분윳값도 못 대요.

그러니
당신이 50명을
책임지고

내가 50명을 맡아서
각자 살길을 찾읍시다.

나는 원래
산의 여자

당신은 본디
물의 남자

락롱꾸언에서 롱은
우리말로 용(龍),
용은 물이 고향이다.

나는 산으로 돌아갈 테니
당신은 물로 돌아가세요.
그 대신 둘 중에 누구라도
어려움에 처하면
서로 도와주기로 해요.

그런데 어우꺼를 따라간 아이들 중
유독 영리하고 힘센 아이가 있었으니

우리나라의 단군왕검과 같이 민족의
시조로 대접을 받는…

베트남 시조가 바로 홍브엉이다.
그래서 베트남 개천절은 홍브엉이 세상을 떠난
음력 3월 10일이다.
여기서 브엉은
왕(王)이란 뜻이야.

신농씨를 먼 조상으로 이야기하는 건
중국의 영향을 받았다고 볼 수도 있는 거지만
다른 한편으론, 독립적인 베트남 민족의 자부심을
강조하고 있다고 봐.

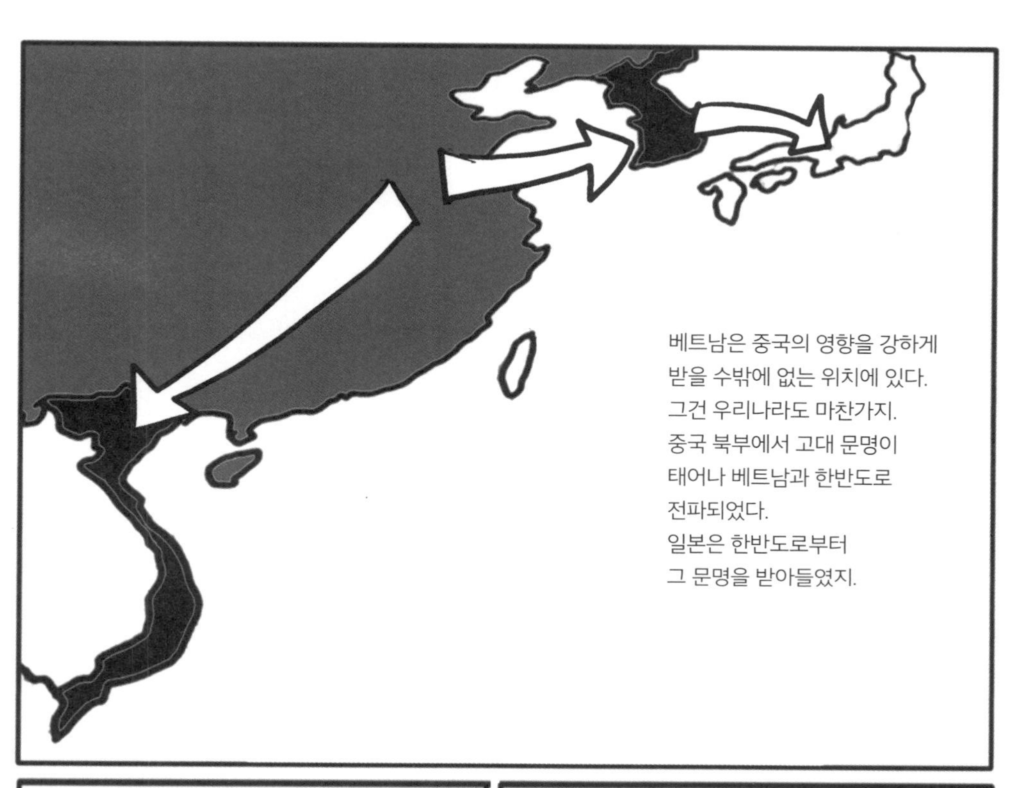
베트남은 중국의 영향을 강하게
받을 수밖에 없는 위치에 있다.
그건 우리나라도 마찬가지.
중국 북부에서 고대 문명이
태어나 베트남과 한반도로
전파되었다.
일본은 한반도로부터
그 문명을 받아들였지.

옛날에는, 거의 모든 나라에서
자식은 부모로부터 지위를 물려받았다.

하지만 유교를 공부하고, 그 지식으로 시험을 쳐서
개인의 능력에 따라 공무원을 뽑은 나라가 있었다.
이 세상에서 딱 세 나라 중국, 한국, 베트남이다.

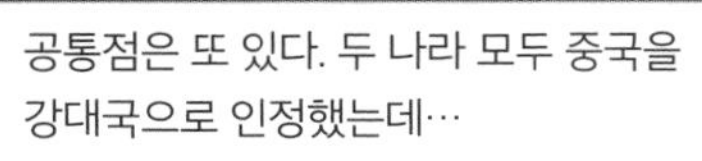

초강대국과 국경을 직접 맞댄 나라가 살아남기 위한
어쩔 수 없는 선택이었다. 이런 걸 '조공 외교'라고 한다.

하지만 중국이 침략해 오면 목숨을 걸고 맞서서
독립을 지켜 냈다.

그리고 어우꺼가 데려간 아이들 가운데서
홍브엉이 나왔다는 건

모계 사회의 전통이 강했다는 뜻이 아닐까? 아니면 말고….

이 신화의 무대는 홍강 주변의 평야,
지금의 베트남 북부 지역이다.

홍강은 베트남 수도 하노이를 끼고 흐르는 강이다.
하노이는 하내(河內), 즉 홍강의 안쪽이란 뜻이다.

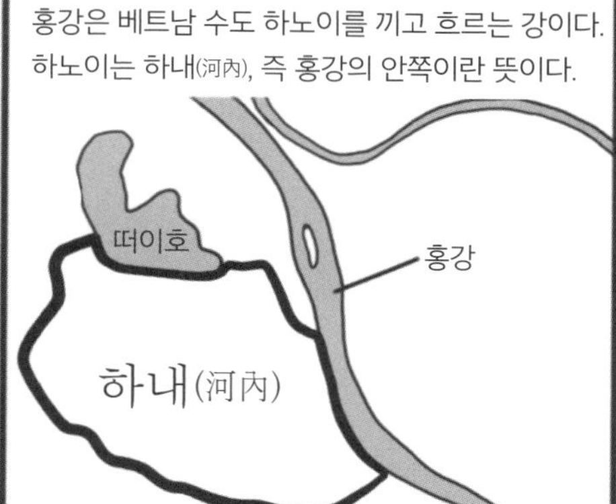

홍강의 홍(紅)은 붉다는 뜻인데 진흙이 많이 섞인 탓에
붉게 보여 그런 이름이 붙었단다.

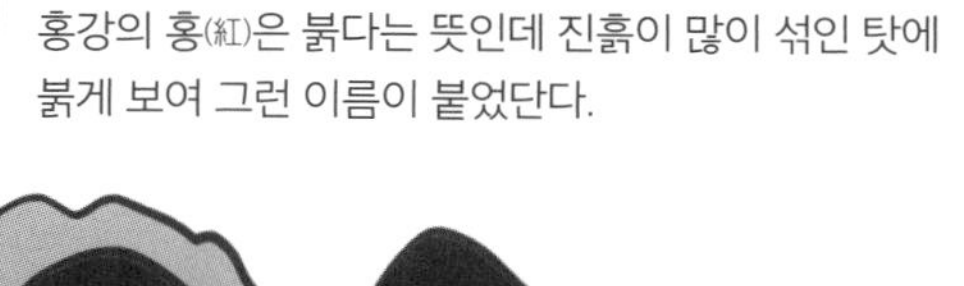

아주 옛날, 홍강의 물을 이용하여
쌀농사가 시작되었을 거고….

논농사는 수많은 사람들의 협력을 필요로 한다.
이런 이유로 권력이 생기고 문명이 발생하는 것이다.
지는 손 하나 까딱 안하면서….

속히 둑을 쌓아 홍수를 막아라!

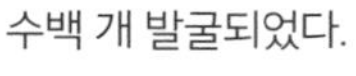

타인호아성 동선 지역에서 청동기 문명 유물이
많이 발견되었다. 지역 이름을 따 동선 문화라고
하는데 특히 이런 구리로 만든 북이
수백 개 발굴되었다.

북 표면의 정교한 장식에는 신화에 기록된 것처럼
육지에서 농사짓는 모습과 바다에서 항해하는
모습이 함께 새겨져 있다.

위에
대륙 북쪽에서
나라를 세운 중국인들은
중국 남부 지역과 홍강
유역의 땅을 합쳐서
위에라고 불렀다.

산 너머 남쪽에 사는 오랑캐들을 위에라고 부릅시다.

월(越) 자는 넘는다는
뜻인데, 이 한자의
중국어 발음이 [위에]야.
越
넘을 월

홍강 유역은 위에 중에서도
남쪽에 있으니 난위에[南越]가 되었고
이 말이 베트남어 발음인
남비엣으로 굳어져
천 년 이상
나라 이름으로
사용되었다.
남비엣!
南越

남비엣이 19세기에 베트남으로 바뀐 건
순전히 중국 청나라 황제의 변덕 때문이었대.
남비엣?
뭐 트집 잡을 거
없을까?

앞뒤를
바꾸어라!
남 비엣
→ 비엣남
↓
베트남

다시 2000년 전 옛날로 돌아가자. 중국에선 최초의
통일 국가 진나라가 멸망한 후 두 세력이 싸우고 있었어.

바로 그 유명한 『초한지』의 주인공 항우와 유방이었지.
초나라
항우
한나라
유방

다들 힘센 항우의 승리를 예상했는데
꾀 많은 유방이 이겨서 중국을 통일했대.
와~

한무제
중국을 다시 통일한 한나라는 힘이 넘쳐났는데
넘치는 힘으로 7번째 황제 한무제 때
한반도와 남비엣 땅을 침략했다.

한반도 북쪽에는 4개의 관청인 한사군을 만들어 점령했고,
남비엣을 점령한 후에는 9개의 관청을 설치했다.
이제부턴 우리가 다스릴 테니
말 안 들으면 국물도 없다!

그렇다고 고분고분 말을 들을 사람들이던가?
뭐라는
개소리야?

한반도에서는 오래 버티지 못하고 철수했지만
漢

남비엣에서는 무려 천 년 동안 눌러앉았다.
물론 독립심이 강한 남비엣 사람들은
끊임없이 반란을 일으켰지.

그중 가장 유명한 독립 운동이
서기 40년에 일어났다.
나, 후한 태수
소정이라고 해~

찌질한 남비엣 인간들을
다스리려고 온
위대한 한 제국의
높으신 분이야.

개폼은 다 잡고 다녔는데
흠흠~

저 할망구는
뭔데 바싹
엎드리질
않았느냐?

저… 저희
어머니는 너무
늙으셔서….

갑질이 어마어마했나 봐.
그런 게
어디 있어?
체포해!
오마니…

게다가 뇌물을 엄청 밝혔대.

신화에서 보았듯이 남비엣은 여성 목소리가 강한 사회였다.
어우꺼

사내들이
저 꼴을 보고만
있단 말이야?

쯩씨 집안의 용감한 자매가 나섰다.
언니는 쯩짝, 동생은 쯩니라고 하였다.

탐관오리 소정을
잡아 목을 베라!
소정은 겨우 목숨만 건져
한나라로 도망갔다.

쯩씨 자매가 이끈 반란은 중국을 몰아내어
남비엣의 자존심을 살렸고,
온 천하가 자기 발아래 있다고 생각했던
당시 한나라 황제 광무제를
분노하게 만들었다.

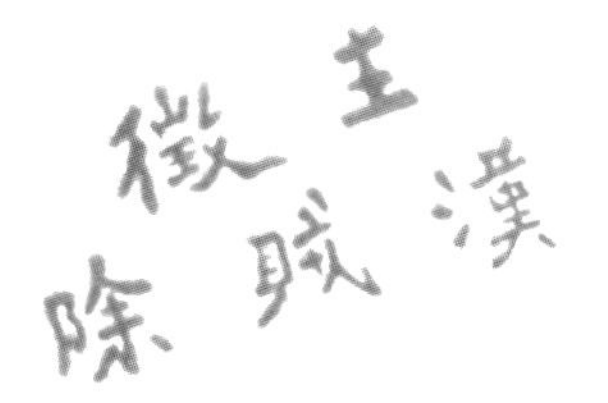

광무중흥이란 말이 있을 정도로 뛰어난 황제에게
쯩씨 자매가 한 방 먹였다.

남쪽 오랑캐의
아녀자에게
당했단 말이야?

광무제

광무제는 복파장군 마원을 보내 이들을 진압하라 명했고,
마원은 쯩 자매의 목을 베어 낙양에 보냈다고 한다.

비록 실패로 돌아갔지만 쯩 자매의 독립 운동은 두고두고
베트남 독립 정신의 모범이 되었다.
지금도 해마다 기념 행사를 하고
자매의 이름을 따서
'하이바쯩'이라고 부르는
거리가 여러 도시에 있다.

ĐƯỜNG
HAI BÀ TRƯNG

두 명의 여성 존칭 쯩씨

그 후로도 수많은 반란이 일어났지만 남비엣이 중국으로부터 완전히 독립한 것은 서기 939년,
우리나라에서 왕건이 궁예를 몰아내고 고려를 세웠을 무렵의 일이다.
궁예
태조 왕건
천 년에 걸친 중국의 남비엣 지배를 끝낸
영웅은 응오꾸옌이다.
어째 왕건하고
닮았는데??
중국의 군대를 일단
몰아내었으나 쯩 자매 때처럼
대군이 다시 들이닥칠 것이다.
두고 보자!
응오꾸옌의 촉이
제대로 발동했다.
중국
박당강
탕롱
(지금의 하노이)
하이퐁
할롱만
홍강
적들이 박당강으로
공격해 올 것이다!

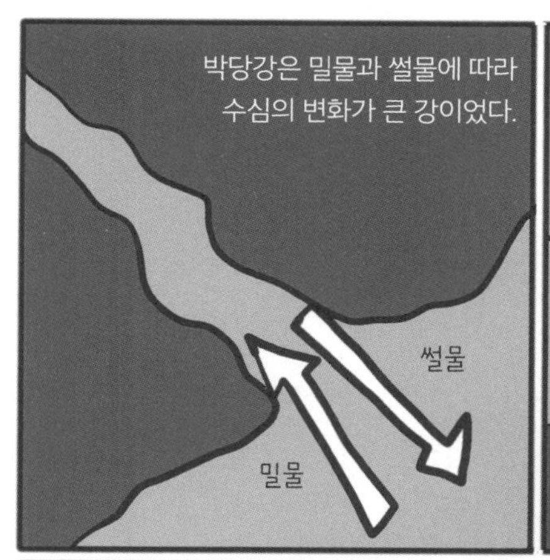
박당강은 밀물과 썰물에 따라
수심의 변화가 큰 강이었다.
썰물
밀물

밀물 때

썰물 때

밀물과

썰물이라…

유레카!!

목욕탕에서 아이디어를 얻고 너무 기뻐서 발가벗은 채
뛰쳐나간 그리스 과학자 아르키메데스처럼
응오꾸옌을 흥분시킨 아이디어는 무엇이었을까?
유레카!!
알아냈어!
바로 그거야!

중국 배는 커서 물속에
가라앉는 부분도 많다.
하지만 남비엣 배는
작아서 물속에 가라앉는
부분이 적지.

바로 이 점을
이용하는 거야.

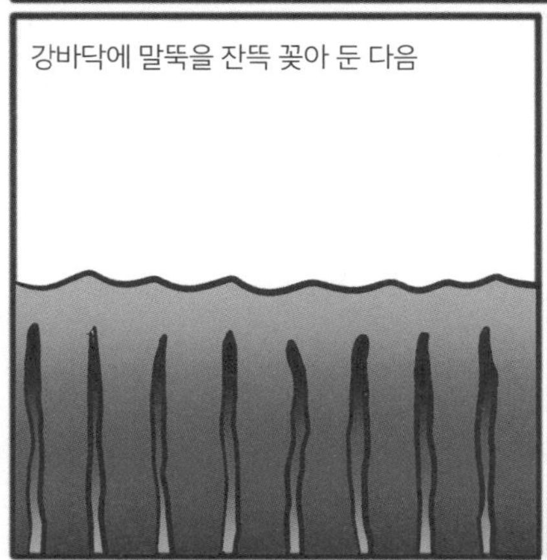

강바닥에 말뚝을 잔뜩 꽂아 둔 다음

밀물로 수위가 높을 때
중국 전함들을 약 올려서
박당강으로 유인하라고.
짜장면
반 그릇만
배달 되냐?
중국
돼지들아~
냄새 좋지?
남

컹~ 한주먹감도
안 되는 시키들이….

게 섰거랏!
이놈들, 어딜
도망가?

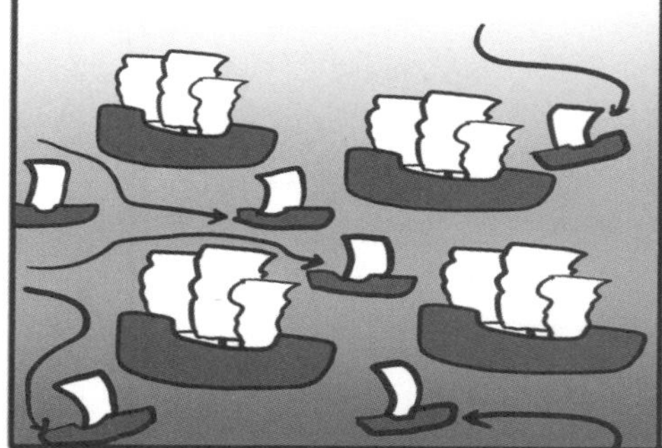

박당강에서 거둔 승리로
남비엣은 천 년 만에
중국으로부터 독립을
선언할 수 있었다.

서기 939년, 응오꾸옌은
독립한 남비엣의 왕위에 올랐다.
응오 왕조의 시작이다.

하지만 응오 왕조는 오래가지 못했다.
응오꾸옌이 왕위에 오르고 5년 만에 죽자
후계 싸움으로 날이 샜거든.

결국 968년에 응오 왕조가 망하고 뒤를 이어
딘[丁] 왕조가 등장하지만, 이들도 10여 년 만에
참모총장 격이던 레호안에게 쫓겨났고

레호안이 세운 레[黎] 왕조도 10여 년 만에
경호실장이라 할 수 있는 리꽁우언에게 쫓겨났다.

이 사나이 리꽁우언이 처음으로 200년을 버티는
왕조를 세웠으니 바로 리[李] 왕조이다.

그뿐인가, 자신을 리태조라고 칭했다. 태조는 나라를 세운 임금이란 뜻이니까.
이걸 따라한 건 아니지만, 조선 태조도 성씨를 붙여 이를 때는 이태조라고 하지.

리타이또에게는 이런 전설이 내려온다.
새 시대를 맞아 수도를 옮기겠노라~

이리저리 수도 후보지를 찾아다니다가 홍강에 이르렀을 때다.

오옷, 대왕마마! 저기를 보십시오.

갑자기 강에서 한 마리 황금빛 용이 플래카드를 들고 솟구쳐 올랐는데…

오호~ 상서로운 징조로다!

오오! 이곳을 도읍으로 삼겠노라.

그리고 수도의 이름을 탕롱이라고 지었다.

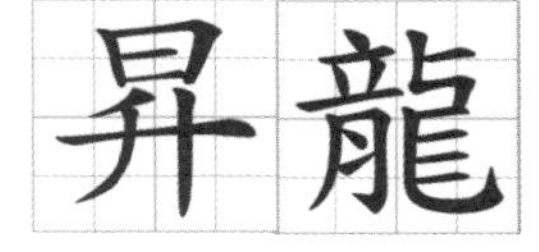

우리 한자음으로 읽으면 승룡인데 용이 솟구쳐 올랐다는 뜻이다.

오늘날에는 하노이로 불리고 있지만, 홍강을 가로질러 하노이로 들어오는 다리를 탕롱대교라고 부르는 등 탕롱이란 이름이 아직도 곳곳에 남아 있다.

"내가 락롱꾸언의 정통 후예다!" 뭐 이런 이야길 하고 싶었던 게 아닐까?

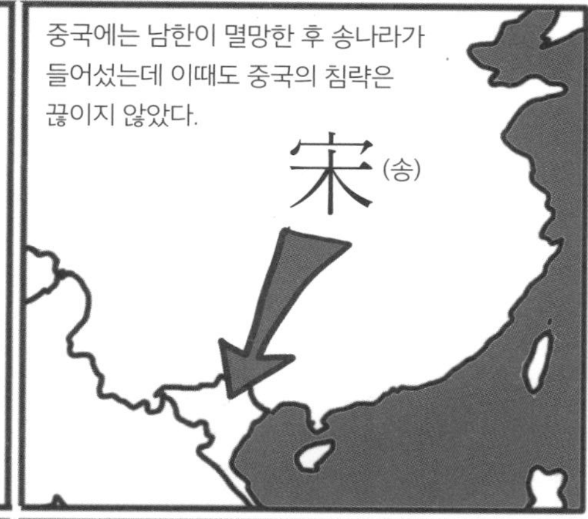

웃기는 소리! 들어올 땐 폼 재고 들어왔지만 된통 혼나고는 꼬리를 내리고 내빼더라.

하지만 남비엣의 역사책은 다르게 이야기하고 있다. 리 왕조가 만만하지 않을 때거든.

그런데 6대 리티엔또(영종) 때부터 이상한 일이 벌어지기 시작했다.
난 겨우 두 살에 왕이 됐어요.

그다음 7대 리롱깐(고종) ….
나도 두 살~

이 아기들이 나라를 다스렸겠어? 실제 권력자는 따로 있었지.

그건 바로 외척인 쩐[陳]씨 가문의 쩐투도였다.
다음 왕은 누굴 시킬까?

8대 때는 리삼(혜종)을 자리에 앉혔는데 열여섯이었다.
제대로 왕 노릇을 해 봐야지.

나이가 들수록 쩐투도의 말을 듣지 않자 정신병자로 몰았다.
이제 그만하고 따님에게 물려주시죠.

그래서 어린 딸이 왕위에 올랐지. 바로 찌에우호앙데(소황제)야. 쯩 자매 외에는 베트남 역사에서 유일한 여왕이야.

쩐투도의 야심은 여기서 끝나지 않았다.
아예 우리 쩐씨가 왕이 되어야겠어.

• **쩐타이똥** 쩐 왕조 1대 황제, 진태종

혜종의 장례식에
리씨 가문이
모일 것이다.
이 기회를 이용해서
리씨 잔당들을 남김없이
몰살하는 거야!
옛 써~
이 음모를 눈치챈 사람이 있었다.
혜종의 숙부인
리롱뜨엉이다.
끄응~
쩐투도 이자가
리씨 왕족의 씨를
말리려 하는구나.
앉아서
죽을 순
없지.
목적지는 없지만
일단 바다로
도망치고 보자!
식솔과 하인들을 이끌고
바다로 도주한 리롱뜨엉이
천신만고 끝에 도착한 곳이
결국 어디였게?

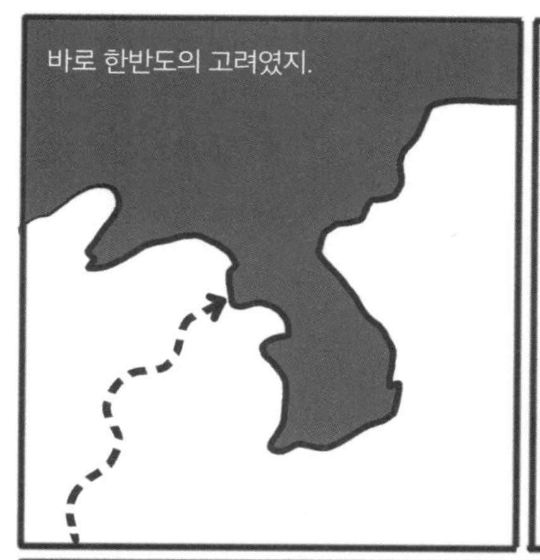
바로 한반도의 고려였지.

리롱뜨엉은 고종에게
그간의 사정을 세세히 전했다.
여차저차해서 저차여차 했습니다.
말이 안 통했을 테니 한자로 써서 대화했겠지?

고종은 자신도 언제 망국의 왕이 될지
모른다며 공감을 표시했다.
쩐투도란 자가 참으로 흉악하구려.

이분을 남비엣 왕족에 합당하게 대접하라. 토지를 내주고 어여쁜 고려 여인과 소개팅을 주선하렷다.

그리고 리롱뜨엉을 화산군에 봉했지.
이렇게 고려에 정착한 리롱뜨엉은
자손을 낳아 화산 이씨의 시조가 됐어.

그리고 오랜 세월이 흘러 1992년에 대한민국과 베트남이
정식 외교 관계를 맺을 때 베트남의 리 왕조 후손들과
대한민국의 화산 이씨 문중이 중요한 역할을 하였단다.
화산 이씨

온갖 술수를 다 써서 리 왕조로부터
왕위를 빼앗은 쩐 왕조는
미움을 받았겠지?

처음에는 그랬다. 그런데··· 베트남 역사에서
쩐 왕조의 인기가 단박에 올라가는 일이 생겼다.

13세기 초 테무친이라는 청년이
몽골 초원에 나타나 중앙아시아
부족들을 통일하고 위대한
황제의 자리에 올랐으니

바로 칭기즈칸이다.

칭기즈칸의 기마 부대는 말이 달릴 수만 있다면 이 세상의 지평선 끝까지라도 모두 정복하려고 했지.

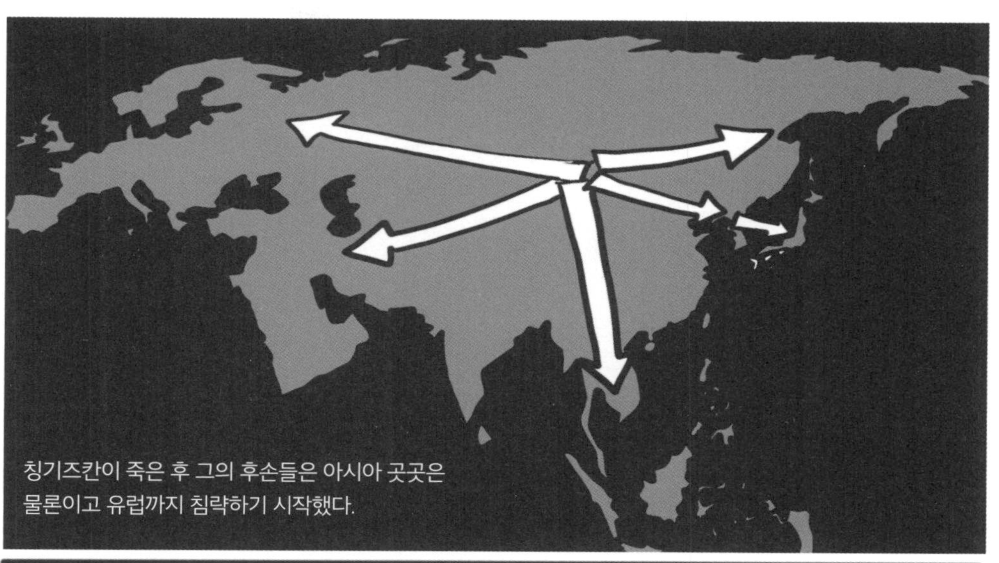
칭기즈칸이 죽은 후 그의 후손들은 아시아 곳곳은
물론이고 유럽까지 침략하기 시작했다.

리롱뜨엉이 망명했던 고려는
38년간이나 버티며 저항을 했지만
결국 무릎을 꿇을 수밖에 없었고,
서쪽으로 진출한 몽골의 조랑말 기마 부대 앞에,
폼 나고 근사하게 치장한 유럽 기사들까지
사정없이 박살이 나고 말았지.

• **쩐타인똥** 쩐 왕조 2대 황제, 진성종

그래서 1258년 몽골은 남비엣을 침략했는데
여태껏 남비엣이 상대했던 중국 군대와는
차원이 다른 거야.

강을 만나도 거침이 없어.

화살이 드러난 곳은 얕은 곳이라는 뜻…
이런 식으로 지형을 파악했다.

뿌우~

베트남을 비롯한 동남아에서는
코끼리 부대를 운영했는데,
월등한 덩치로 밀어붙이는
코끼리는 중국 군대에 위협적인
존재였다.

하지만 몽골군은 달랐어.
그런 건 우리에게 안 통하지.

강력한 몽골 활로 코끼리를 향해 불화살을 쏘아 대자

흥분한 코끼리가 불화살을 피해 아군 쪽으로 돌진했다.
워~ 워~

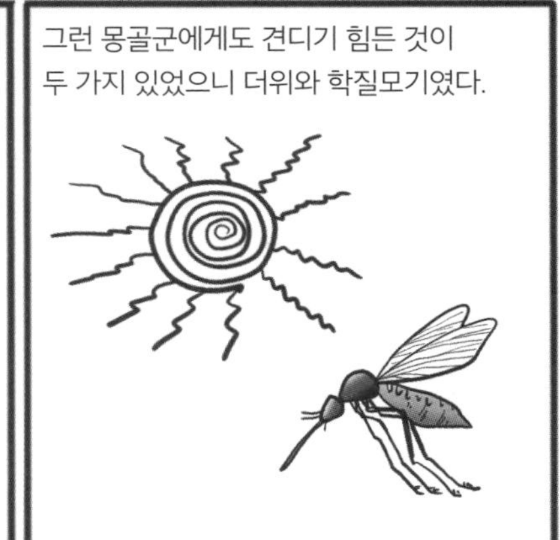
그런 몽골군에게도 견디기 힘든 것이 두 가지 있었으니 더위와 학질모기였다.

결국 탕롱*을 점령하기 직전에 철수하기로 했다.
난 학질에 걸렸나 보이. 너무 추워
이제부터 조공을 바치겠다니 이만 떠나세.

● **탕롱** 지금의 하노이

형님이라고
불러 줄 테니까
다신 오지 마.
이 시키들이 이제부터
조공을 바치겠다는 거지?
대충 그렇게
들리는데?

예전에 고려로부터도 조공국이
되겠다는 약속을 받고 철수했다가
형님으로
부를 테니…

뒤통수를 된통 맞은 적이 있었다.
몽골 자식들
요구가 너무
많아!
이판사판
결사
항전이닷!

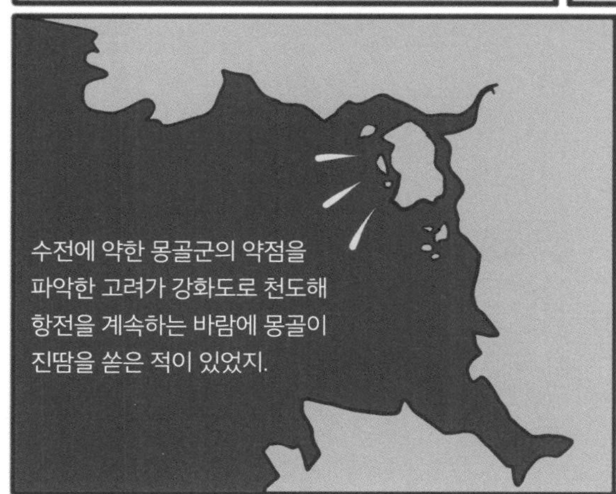
수전에 약한 몽골군의 약점을
파악한 고려가 강화도로 천도해
항전을 계속하는 바람에 몽골이
진땀을 쏟은 적이 있었지.

자존심이 고려 못지않은 나라가
남비엣인데 고분고분했겠어?
고려가 한 짓을
남비엣도 고대로
하는군!

칭기즈칸의 손자인 쿠빌라이칸이 중국을 점령하여
원나라를 세우고 기세등등할 때였다.
고려랑 남비엣은
왜 이리 세트로
노는 거냐?

어지간히 분했던지
네가 직접
버르장머리를
고쳐 놓고
오거라!

저요?
하찮은 소국을
혼내는 데
저까지요?

남비엣 정벌에 아들 토곤을 직접 보냈다.
이 아들이 잘나서 무서운 게 아니다.
정히 그러시다면
몸 좀 풀고 금방
돌아오겠습니다.

아들을 보낸다는 건 확실히 밟아 놓겠다는 의지의 표현이니
어마어마한 규모의 대군을 딸려서 보냈겠지.
이게 무서운 거야.
元

삽시간에 탕롱까지 쳐들어오자
쩐타인똥은 목숨을 걸고 탈출해 포로 신세를 겨우 면했다.
탕롱성

으하하하하~
내가 금방 끝내겠다고
하지 않았느냐?

우리 군대가
수도도 점령했고
적의 왕도 도망갔으니
끝난 거야.
승전 파티를
즐기자고.

임진왜란 당시 선조가 한양을 버리고 도망갔을 때도
일본 장수들은 끝났다고 생각했었지.
한양성

게무
오바데쓰!
간빠이~

그런데 이해하지 못할 일이
벌어진 거야.
수도가
함락됐는데도
게임 오버가
아니라고?

죽어도 항복은
못 하겠대?

이 나라 놈들은 왕이 도망간 마당에,
나라의 혜택을 받지도 못한 떨거지들이
왜 나라를 구하겠다고 나서는 거야?
도대체!
어째서?

게다가 이런 영웅들까지
나타났다.
신에게는 아직도
열두 척의 배가
남아 있나이다.

서울 한복판에
이순신 제독의
동상이 서 있듯

쿠-궁
호찌민시 사이공강 옆 작은 공원에는
베트남의 큰 영웅 쩐흥다오 장군의
동상이 서 있다.

리 왕조를 잔인하게 몰아내고 권력을
잡아 인기가 바닥이었던 쩐 왕조를
쩐씨가 왕이 돼야지….

베트남 역사에서 국민들의
인정을 받게 만든 인물이
바로 왕족 출신
쩐흥다오 장군이다.

전하, 강력한 몽골군에 정면으로 대결해서는 승산이 없습니다.
그래서 모기와 같은 작전을 쓰려고 하옵니다.

모기??

적이 방심할 때 공격하고

적이 공격하면 재빨리 어둠 속으로 숨는 거죠.

수백 년 후 미군들과 전쟁을 할 때도
써먹게 되는 게릴라 전법이다.

이런 역경을 뚫고 쩐흥다오 군대가 게릴라 전법으로 끝까지 대항하자 원나라 토곤의 군대는 서서히 무너지기 시작했다.

몽골군이 퇴각하기 시작했는데
쩐흥다오 장군이 곱게 보내 줬겠어?
원나라 원정군 사단장
소게투
쿠빌라이 아들
토곤

찬스!!
왕모기 대방출!

원나라가 자랑하는
맹장 소게투까지 잃었다.

쬐끄만 남비엣 하나
제대로 처리
못 해?
쿠빌라이가 크게 노했지.
토곤이 아들만 아니었다면
처형당했을걸?

제2차 세계대전 막바지 때 자살 공격 비행대에도 가미카제란 이름을 붙여 수많은 젊은이들을 죽음으로 몰아넣었다.

화가 난 쿠빌라이가 일본 3차 침공에 쓰려던 병력을 남비엣으로 돌린 거야. 그러니까 일본은 가미카제뿐 아니라 남비엣에도 감사해야 하는 거지.

일본 3차 정벌은 취소하고 남비엣에 올인하라!
1287년 이를 갈고 병력을 보충한 원나라군이 다시 남비엣 침공에 나섰다. 50만 대군이 바다를 새까맣게 메우며 쳐들어갔단다.
허걱!
장군, 이 일을 어찌하면 좋겠소?
신에게도 계책이 있사오니 너무 염려하지 마소서.

적들은 반드시
박당강으로
쳐들어올 것입니다.
元
박당강
탕롱
하이퐁
할롱만
홍강

박당강 강바닥에 말뚝을
꽂아 놓은 다음,
밀물 때…

원나라 함대를
유인하는
겁니다.

그럼 썰물 때 원나라
배들이 말뚝에 걸려서
꼼짝 못 하게 되겠죠.

이때 그 자식들을
깡그리 때려잡는다,
이겁니다!

그렇다. 응오꾸옌의 그 작전과 똑같다.

박당강에 말뚝을 꽂아 중국 군대를 물리치는 이야기는 베트남 역사에서 여러 번 등장하는 단골 메뉴이다.

우리나라에도 강을 막았다가 둑을 한꺼번에 터뜨려 중국군을 물리치는 이야기가 여러 번 나오듯이.

전쟁은 복잡한 거라 말뚝 작전으로만
이길 수는 없었을 거야.
하지만 말뚝 작전이 이해하기 쉽고
또 재미있으니까 그렇게 여러 번 이야기를
만들어 냈던 건 아닐까?
실제로는 남비엣 백성들이
쩐흥다오 장군의 지휘 아래 똘똘 뭉쳐서
나라를 꼭 지키고야 말겠다는 마음이 있었기에
막강한 몽골군을 물리칠 수 있었겠지.

13세기에 몽골군 침략을 받고도 물리친 나라는 우리뿐이야.

우리도 그럿쓰므니다.

그래서 베트남 사람들 자존심이 지리는 편이다.
너희는 바다 덕을 본 거잖아.

하지만 전쟁 후에 쩐 왕조가 펼친 정치가 문란해졌을 때 호꾸일리라는 관리가 나타났는데
에이, 내가 왕이 되면 훨씬 더 잘할 수 있는데….

쿠데타를 일으켜 쩐 왕조를 몰아내고 호 왕조를 세웠다.
왕국으로 돌격!
혁명군

비록 쿠데타로 왕이 되었지만 유능했다.
백성을 위해 일해 보리라.

짧은 기간에 수많은 개혁을 이뤄 냈지.
토지 개혁!
영토 확장!
불교계 혁신!
신무기 개발!
징병제 정비!

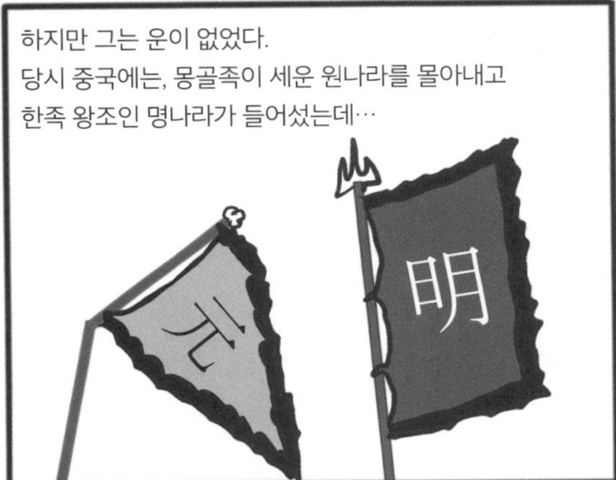
하지만 그는 운이 없었다.
당시 중국에는, 몽골족이 세운 원나라를 몰아내고
한족 왕조인 명나라가 들어섰는데…
元
明

호꾸일리가 쿠데타를 일으켰을 때,
중국의 명나라 황제가 된 인물이 누구냐면
바로 영락제!
영락제

영락제는 야심만만한 사나이였다.
전 세계에 대명 제국의 위엄을 알려 주겠노라!

얼마나 야심이 컸냐면 정화라는 심복을 시켜
일곱 번이나 자신의 이름을 세상에 알리는
원정을 하게 하였다.

정화는
아프리카에서
기린을 가져와
영락제에게
바쳤단다.

영락제가 보낸 함대의 규모가 약 90년 후에 아메리카 대륙에 도착한 콜럼버스 함대보다
수십 배나 컸던 걸 보면 당시 명나라의 국력을 짐작할 수 있다.

이런 영락제이니 남비엣을
가만둘 리 없었겠지.
뭐라고
시비를
걸까나?

호꾸일리는 들어라.
너는 어찌하여
내 허락도 없이
쩐 왕조를 없애고
왕이 되었는가?

이렇게 영락제는 침략 전쟁을 벌여
호꾸일리와 그의 아들들을 잡아가고
남비엣을 중국의 지방 주로 삼았다.
남비엣은 다시 독립 국가 지위를
잃게 된 거지.
이때가 1407년이었다.
일루 와~

그렇다고 가만있으면
남비엣이 아니라니까.
웽 웽~

사방에서 특기인
게릴라전을 벌였다.
웨엥~ 웽

앗, 물렸다!
나도!

훠이~ 훠이~
나도
가렵도다.

명나라는 수십 년 동안 시달리다가 영락제의
손자인 선덕제 때 결국 남비엣에서 물러났다.
이제 신물 난다.
그래, 독립하라고!

명나라가 물러간 후
게릴라 독립군 부대의 대장이었던
레러이가 왕위에 올랐으니
그가 레[黎] 왕조의 창업자인
레타이또(레태조)이다.

레러이 하면 빼놓을 수 없는 전설이 있지. 탕롱에 한 어부가 살고 있었다.

호수에 나가 매일매일 물고기를 잡고 살았는데

어느 날…

지저분한 수초로 뒤덮인 기다란 쇠막대기 같은 거였다.

그런데 그다음 날도,

또 그다음 날도!

이 정도면
하늘의
뜻이겠지?
베트남도
삼세번인가 봐.

집으로 가져와 잘 닦아서
보관했더란다.

세월이 흘러 명나라가
쳐들어오자 이 어부도
자원입대했지.
나,
독립군!

그런데 그 게릴라 부대 대장이
나중에 레타이또(레태조)가 되는 레러이였어.
신고합니다!

누추하지만
싱싱한 생선이 많으니
저희 집에서 신고식을
하겠습니다요.

허어~ 신기하구나.
저 구석에서 빛을 뿜는
저 물건은 무엇인고?

레러이가 집에 들어오자 보관해 둔
그 쇠막대기가 빛을 뿜기 시작하는 거야.

순천
順天

"하늘의 뜻을 따르다."
이 정도 뜻이 되겠다.

하지만 칼자루가 없으니
뭐 어쩌겠어? 그날 이후
잊어버리고 세월이 지났지.

명나라 군대와 싸우며 고된 행군을 하던 어느 날…,
저 멀리 바니안나무 줄기 사이에서 밝은 빛이 새어 나오는 거라.

이런 게
징징 소리를 내며
빛을 뿜고 있었습니다요.

귀한 보석이 박혀 있는
보기 드문 칼자루로군.

그렇다면 혹시??

오오~
천하의 명검이로다!!

아니나 달라?
예의 그 칼날과 맞춰 보니
조금도 어긋남 없이 꼭 맞더란다.
철커덕

전쟁터에서 이 보검을 꺼내 드는 순간 레러이의 덩치가 어마어마하게 불어나고,
한칼에 수십 명의 명나라 병사를 베어 버렸다고 한다.
그렇다면 미국 드라마 「두 얼굴의 사나이」에 등장하는
헐크는 레러이를 본뜬 것이란 말인가?
믿거나 말거나….

이야기는 이어진다. 레러이는 레 왕조의 첫 번째 왕이 되어 칼에 새겨져 있던 투언티엔[순천(順天)]을 연호로 사용했다.

어느 봄날, 왕이 된 레타이또(레러이)는 탕롱의 호수에서 한가로이 뱃놀이를 하고 있었대.

어이, 레러이~
아니! 어떤 녀석이 왕의 이름을 함부로 부르는 게냐?

돌아보니 커다란 황금빛 거북이가 사람 말을 하는 거야.
내가 불렀다! 왜?

자네가 차고 있는 그 보검 있잖아.

그게 남비엣 독립을 위해서 롱브엉님이 잠시 빌려주셨던 거거든.
이제 일이 끝났으니 다시 찾아오라고 하시네.

롱브엉이 누구냐고?
롱은 용(龍), 브엉은 왕(王),
바로 용왕님이시다.

龍王

용왕

리타이또가 보검을 던져 주자 황금 거북이는 넙죽 받아서 호수 속으로 사라졌다고 한다.

그래서 이 호수를 호안끼엠 호수[還劍湖]라고 부르게 되었단다.

호안[還]은
돌려준다는 뜻이고

끼엠[劍]은
칼이란 뜻이거든.

호안끼엠 호수는 하노이 구시가지의 한복판에 위치하고 있다.
하노이 시민들의 사랑을 받고 있는 호안끼엠 호수에는
600년 전 베트남의 독립 전쟁과 레 왕조 이야기가 서려 있다.

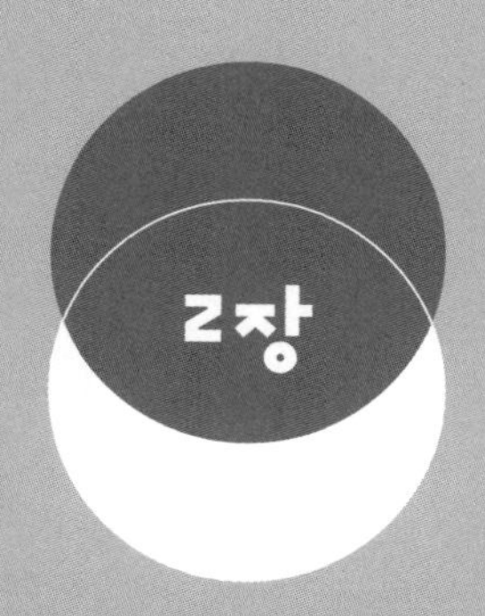

혼란의 시대

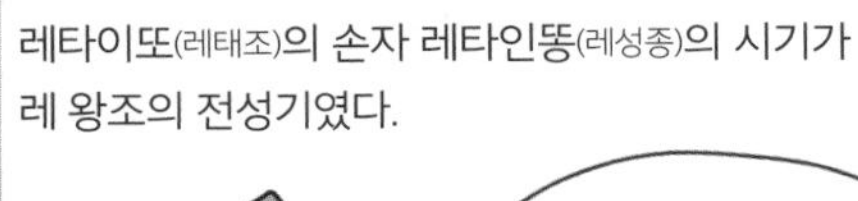

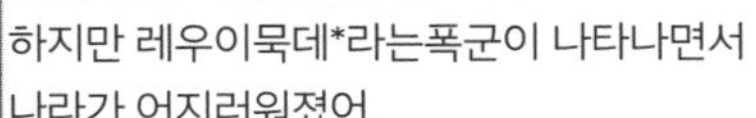

우리나라로 치면 연산군 같은 왕이었는데, 즉위 시기도
1500년 전후로 비슷하지.

연산군이 어렸을 때 친어머니 윤씨는 성종 임금이 내린
사약을 받아 마셔야 했다.

자라서 그 사실을 알게 된 후 폭군이 되었다고 해.

• **레우이묵데** 레 왕조 8대 황제, 레위목제

자신의 생모를 죽이는 데 인수대비가 앞장섰던 걸 알고는 대비전에 찾아가 폭력을 휘두르기도 했단다.

인수 대비는 결국 그 충격으로 죽게 되지.

레우이묵데에게도 미운 할머니가 있었다. 생모의 출신이 천하다고 업신여겼거든.

서열이 높은 사람들이 일찍 죽어 레우이묵데가 왕위에 오를 때도 극구 반대를 했었지.

레우이묵데가 어찌어찌 왕위에 오르자 미운 자들을 제거하기 위한 살생부를 만들었는데 거기엔 할머니 쯔엉락 황후도 있었지.

둘 다 반정으로 쫓겨나 불과 몇 년 사이로 앞서거니 뒤서거니 죽었다. 이거 완전 한국-베트남 역사의 평행 이론이네!

레우이묵데 이후 여덟 명이 왕위에 올랐는데
재위 기간이 평균 3년밖에 안 되었다.
뭔가가 썩으면 먼저 파리 떼가 달려들고 까마귀도
날아오고 마지막엔 늑대가 나타난다.
경호 대장을 하던
막당중이 바로 그
늑대였다.
쿠데타를 일으켜 스스로 왕이 되었지만
베트남 역사상 가장 인기 없는 왕이야.
이유는 그가 중국에 보인 비굴한 태도 때문이다.
옳다구나!
이 기회에
남비엣의
버르장머리를
잡아야지.
명나라
가정제
받아 적어라.
…
역적 막당중은
듣거라.

너는 어찌하여
상국의 허가도 받지 않고
감히 왕을 칭하느냐?

그 죄가 매우 괘씸하나
지금부터 내가 시키는 대로 하면
혹시라도 용서를 해 줄까 말까
생각해 보겠노라.

머리를
풀어 헤치고

스스로 목에
밧줄을 걸어
죄인의 모습으로
용서를 구하면
한번 생각해 보마.

막당중은 비굴한 모습으로 중국 국경까지 가서
명나라 장수들 앞에서 무릎 꿇고
이마를 땅에 찧는 굴욕의 예를 바쳤다.
베트남의 자존심을 구겨 놓아
국민 밉상이 된 거지.
왕 노릇
하고 싶어요.
한번 봐줍쇼.

그럼 이렇게 힘들게 오른
막씨 왕조는 오래오래
갔을까? 아니야~

막 왕조의 쿠데타를 인정하지 않는
지방 실력자들이 있었거든.

레 왕조 초기부터 권력을 나눠 갖고 있던
응우옌(阮)가와 찐(鄭)가 두 가문이었지.

阮 vs 鄭

실권은 응우옌 가문과
찐 가문이 쥐고 있었지만
두 가문 다 레 왕조를
보호하고 받드는 충신으로
자신들을 포장했기에
레 왕조는 형식적으로는
꽤 오래 지속되었어.

인간 사회에서는 동물과
달리 정통성이나 명분,
이런 게 필요하거든.
참 복잡하지?

응우옌가와 찐가는 막씨를 몰아낼 때는 의기투합했지만

막씨가 베트남 맨 끄트머리까지 쫓겨 가서
숨만 쉬고 있는 신세가 되자

자기들끼리 피 터지는 세력 다툼을 하기
시작했어. 어때? 되게 복잡하지?

그런데 이게 끝이 아니야. 그 와중에 의적 삼 형제가
나타나 또 자기들의 나라들을 세우게 되는데 이들이
바로 떠이선 출신 삼 형제다.

복잡하다~
복잡해….
껍데기만 남은
레 왕조
막 왕조
응우옌가
찐가
떠이선 2
떠이선 1
떠이선 3

조선 왕조는 어찌어찌 500여 년을 한 가문이 이어 갔지만 베트남에서는 이 동안 여러 왕조가 나타났다가 멸망했다. 레 왕조, 막 왕조, 찐 왕조, 응우옌 왕조, 떠이선 왕조 등이 뒤섞인 복잡한 시대를 지나 결국 남비엣을 통일한 건 베트남의 마지막 왕조를 세운 응우옌씨이다. 이제부터 복잡한 이 시대의 이야기를 할 참인데, 그 전에 잠깐 베트남 역사의 중요한 줄기를 먼저 알아보고 가자.

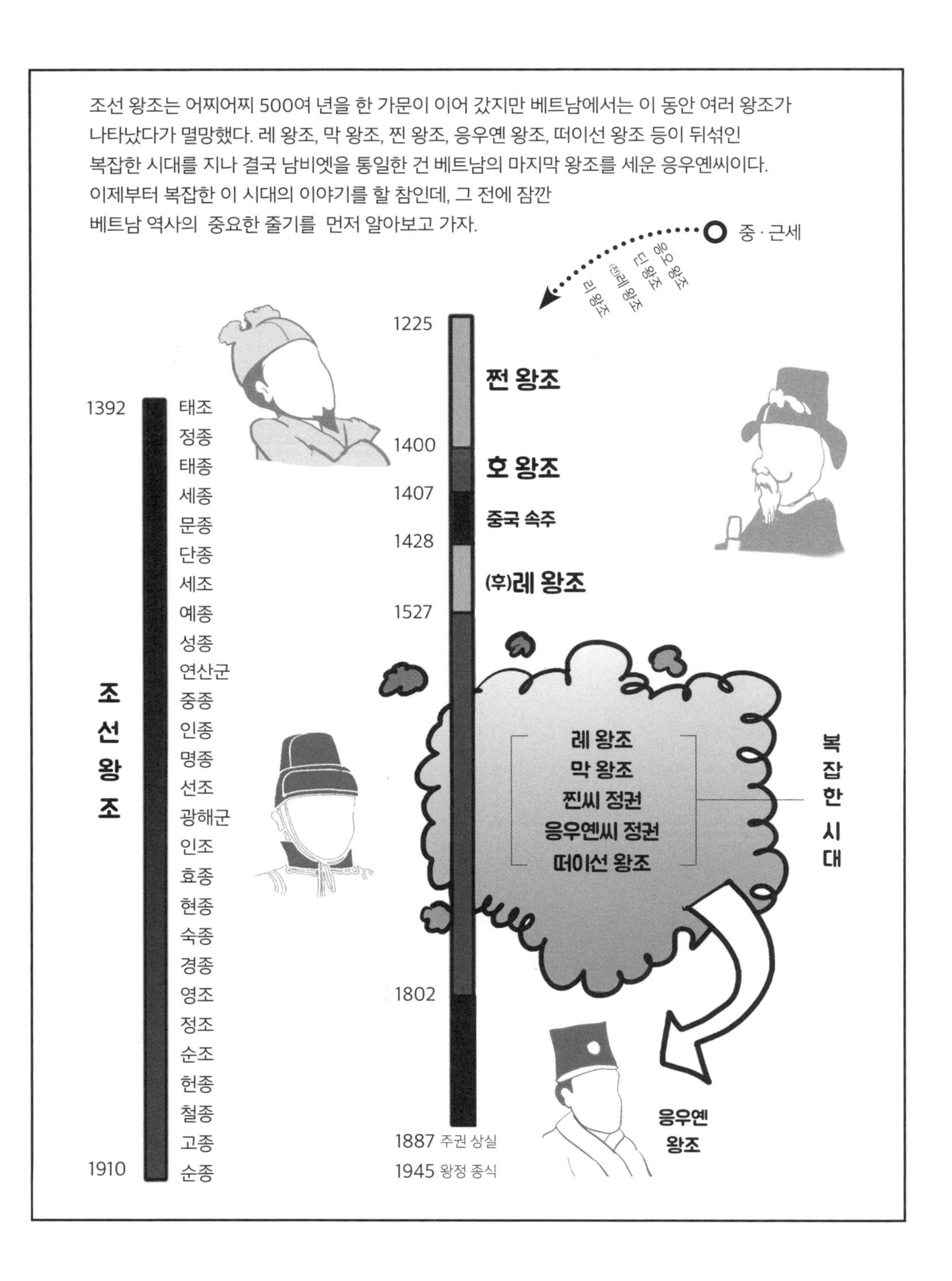

19세기 이전의 베트남 역사는 크게 보면 두 가지 줄기가 있어. 하나는 여태까지 봤듯이 끊임없이 침략해 오는 중국을 물리치고 독립을 유지하는 역사인데, 이걸 한자어로 북거(北拒)라고 해. 북쪽의 중국[北]을 막아 낸다[拒]는 뜻이지.

베트남 사람들은 자기들의 영토를 이런 장대
양쪽에 바구니를 매단 들것에 비유하곤 한다.
베트남에선 이걸 가인이라고 해.

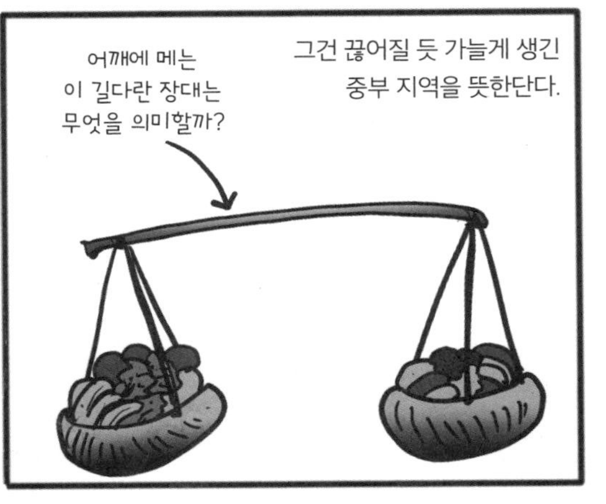

베트남 북부에서 중부에 걸쳐
서쪽은 험한 산맥과 짙은 정글이 뒤덮고 있다.
그래서 중부 지방에는 해안가의 아주 좁은
지역에서만 농사를 지을 수 있어.
이걸 장대에 비유한 거지.

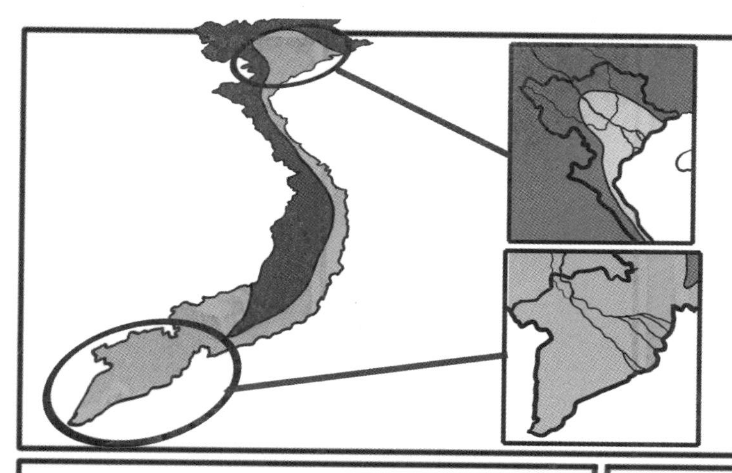

한 개의 광주리는
북쪽 홍강 유역의
평야 지대를,

또 한 개의 광주리는
남쪽 메콩강 유역의
기름진 삼각주
지대를 상징하지.

베트남의 인구는 1억 명에 육박하고 있다.

음식 광주리를 하나만 가지고 있었다면
이 많은 인구를 다 먹여 살리기 힘들었을걸?

홍강 유역

베트남이 원래부터 두 개의 음식 광주리를 가지고
있었을까? 아니야. 남비엣은 북부의 홍강 유역에서
시작이 되었다고 했잖아.

그럼 남쪽의 훨씬 더 비옥한 음식
광주리는 언제 생긴 걸까?

메콩강
삼각주

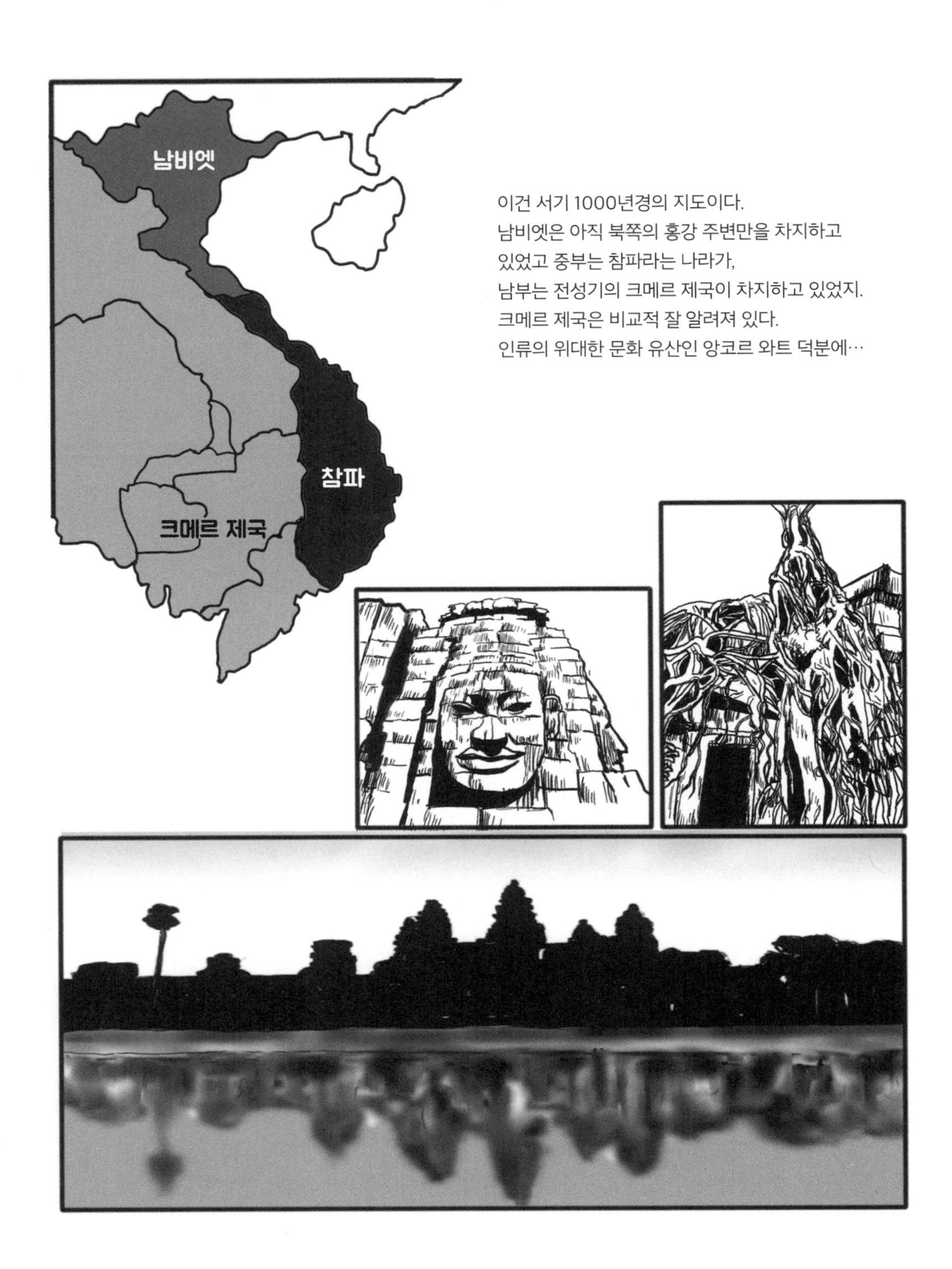
남비엣
참파
크메르 제국
이건 서기 1000년경의 지도이다.
남비엣은 아직 북쪽의 홍강 주변만을 차지하고
있었고 중부는 참파라는 나라가,
남부는 전성기의 크메르 제국이 차지하고 있었지.
크메르 제국은 비교적 잘 알려져 있다.
인류의 위대한 문화 유산인 앙코르 와트 덕분에…

크메르 제국의 위세는 사라졌지만 오늘날에도
캄보디아라는 독립 국가로 명맥을 유지하고 있다.

한데 참파는 도대체 어떤 나라야?
불과 200년 전까지 1600년 동안이나
존재했던 나라라는데 지금은 흔적도 없다.

남비엣인들은 자신들은 유교를 아는 문명국이고 이웃 나라 참파는 야만인이라고 적대시했다. 그건 우리나라도 똑같아. 유교 선진국이라고 이웃 나라를 깔보았거든.

자기만 잘났다는 중국의 중화사상까지 수입하여 스스로를 소중화(小中華), 즉 작은 중국이라고 자랑했어.

불교만 하더라도 참파는 다른 동남아시아 국가들과 마찬가지로 상좌부 계통의 불교였다. 상좌부 불교는 개인의 수행을 중요하게 여기지.

반면에 남비엣은 중국, 한국, 일본과 마찬가지로 대중의 포교를 중요시하는 대승 불교였다.

남비엣은 중국이나 우리나라와 마찬가지로
농업 국가였다. 홍강 주변의 평야에서 출발했거든.

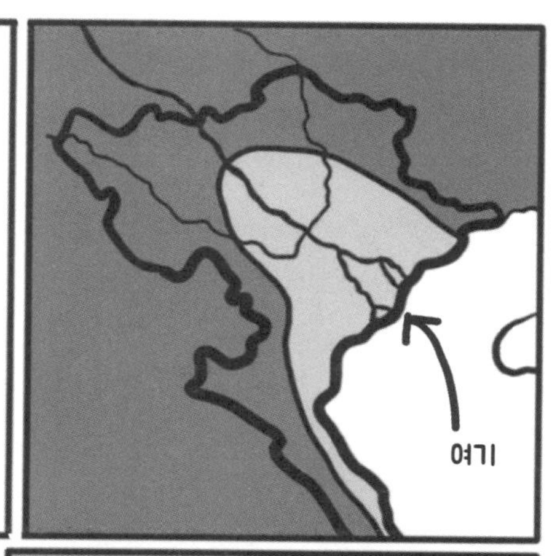

하지만 참파가 있던
중부 지역에는
산맥과 바다 사이에
좁은 평지밖에
없잖아?

여기

그래서 참파에서는 농업보다도
바다로 통하는 국제 무역이 발달했어.

이런 국제 무역을 통해서 이슬람교도 들어왔고

참파에는 흥청거리는 국제 무역 도시가 여러 곳
발달했지.

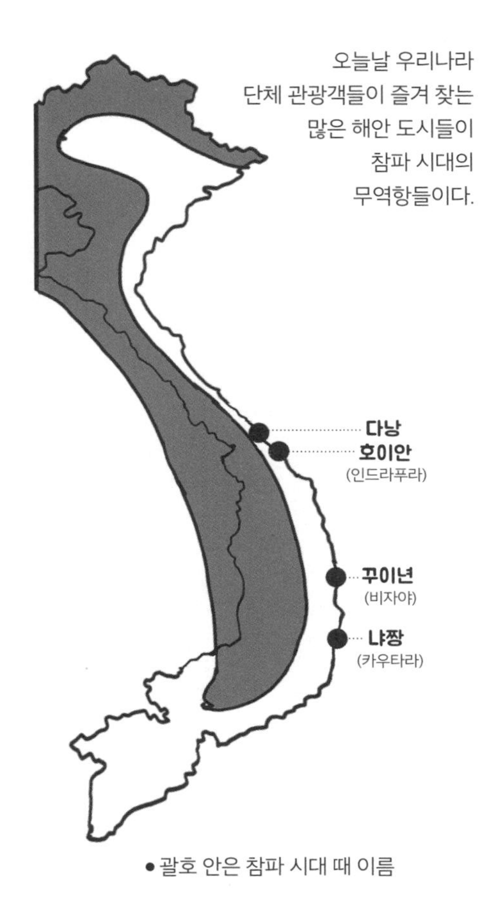
오늘날 우리나라
단체 관광객들이 즐겨 찾는
많은 해안 도시들이
참파 시대의
무역항들이다.
다낭
호이안
(인드라푸라)
꾸이년
(비자야)
냐짱
(카우타라)

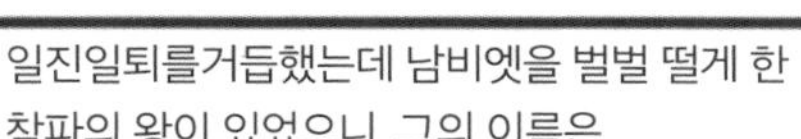
● 괄호 안은 참파 시대 때 이름

남북으로 붙어 있으면서도
달라도 너무 다른 남비엣과 참파….
빠직

수백 년 동안 눈만 뜨면 징하게도 싸웠다.

일진일퇴를거듭했는데 남비엣을 벌벌 떨게 한
참파의 왕이 있었으니, 그의 이름은
포 비나수오르….
남비엣에선
쩨봉응아로 불렸지.

탕롱까지 쳐들어와서
남비엣 사람들의
간담을 서늘하게 했다.
탕롱성

공자님의 말씀을
모르는 오랑캐를
박살 내렷다!
하지만 쩨봉응아가 죽은 후부터
참파는 남비엣에 일방적으로 밀리기 시작했다.
레타인똥 때 수도인 비자야*가 1471년에 함락되면서
결정적으로 멸망의 길을 걷기 시작했다.

어째서, 팽팽하던 균형이 깨지고 남비엣이 일방적으로
참파를 밀어붙이게 되었을까?
남비엣의 중앙 집권 체제가 병력이나 물자를
동원하는 데 더 효율적이었을 게다.
레 왕조
역시
중국 같은
선진국에서
앞선 제도를
들여와야 해.

하지만 더 직접적인 원인은 중국의 침략에
맞서 싸우면서 습득하게 된 중국의
화약 제조 기술 덕분이라는 설이
일반적이다.
중국
북거
화약

• **비자야** 지금의 꾸이년

그러니까 남비엣 입장에서 보면,
중국은 맞서 싸워야 할 적국이면서,
동시에 유교와 선진 문물을 전해 주는
이웃이기도 했던 거지.
북거 과정에서 얻게 된 지식이
남진에 결정적인 역할을 한 거야.

남비엣은 참파를 정복한 후 참파의 민족성을 없애기 위해 참파 사람들 이름을 바꾸려고 했어. 마치 일제가 조선에서 벌인 창씨개명 같은 거였지.

그러다 가장 인상 깊은 인물, 쩨봉응아가 생각났어.
그래서 참파 후손들은 쩨씨 성이 흔하게 됐다고 해.

근근이 명맥을 이어 나가던 참파
왕국은 1832년에 완전히 멸망했는데,
나라를 잃은 유민들은
동남아 각국에 흩어져
소수 민족으로
살아가고 있다.

이게 끝이 아니었어. 중부 지역에
터를 잡은 응우옌 가문은 남쪽
메콩강 주변 땅에
눈독을 들였어.
탐나도다….

그러다 기회가 왔지.
딸을 크메르 왕자에게
시집을 보냈는데
사위가 왕이 된 거야.
사위,
내 말 좀
들어 보게.

저 남쪽에
노는 땅 있잖나?
그거 내가 개간을
해 줌세.
그러시든지요.

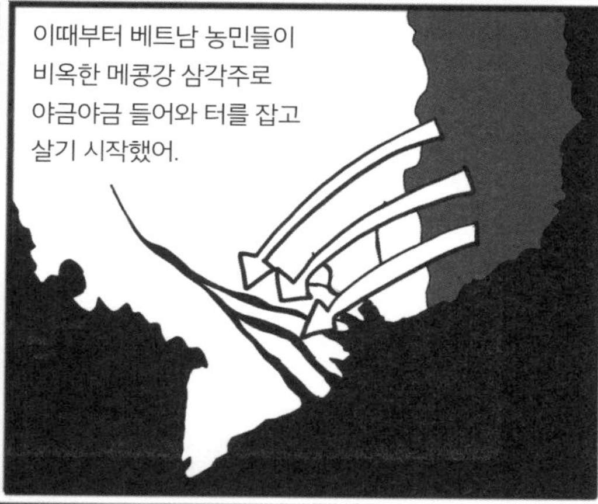
이때부터 베트남 농민들이
비옥한 메콩강 삼각주로
야금야금 들어와 터를 잡고
살기 시작했어.

그런데 시간이 지나다 보니까
이곳이 베트남 땅인지, 크메르 땅인지,
아리송해지더라는 거야.

이렇게 해서 베트남은 결국 음식이 가득 찬
두 개의 광주리를 모두 갖게 되었다는
그런 이야기.

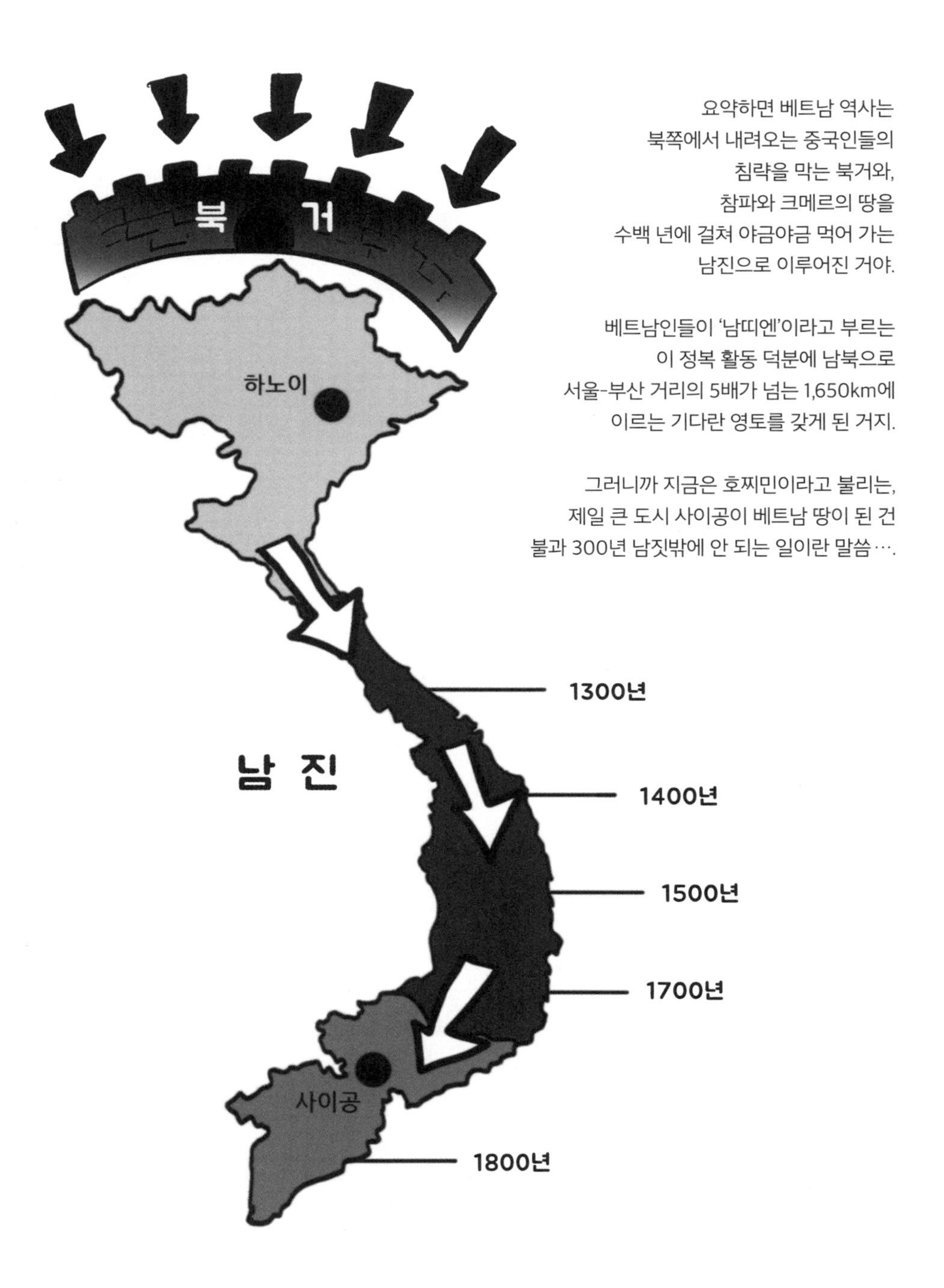

요약하면 베트남 역사는
북쪽에서 내려오는 중국인들의
침략을 막는 북거와,
참파와 크메르의 땅을
수백 년에 걸쳐 야금야금 먹어 가는
남진으로 이루어진 거야.

베트남인들이 '남띠엔'이라고 부르는
이 정복 활동 덕분에 남북으로
서울-부산 거리의 5배가 넘는 1,650km에
이르는 기다란 영토를 갖게 된 거지.

그러니까 지금은 호찌민이라고 불리는,
제일 큰 도시 사이공이 베트남 땅이 된 건
불과 300년 남짓밖에 안 되는 일이란 말씀….

여기엔 지리적
거리뿐 아니라
이런 역사적
배경도 있어.

자, 그럼 다시
응우옌 가문과
찐 가문이
허수아비 레 왕조를
떠받드는 척하면서
실권을 잡고 있던
그 시절 이야기로
돌아가자고.

찐 가문은
옛날의 남비엣 지역을,
응우옌 가문은
참파를 몰아내고
새로 정복한 지역을
각각 차지하고 있었지.

그러다 보니 찐 가문은
좀 고리타분했고

응우옌 가문 구역에서는 특히 호이안이란 도시가
국제 무역항으로 번성했는데, 유럽·중국·일본·동남아
상인들이 뒤섞인 이국적 국제 도시였어.
그 덕분에 오늘날에도 관광지로 유명해.

응우옌 가문은 참파처럼 좀 더
진취적이었고,
국제 무역도 활발하게 행하고 있었지.

• **베텔**(betel) 동남아식 씹는 담배

도저히 미안해서 세금을 독촉하기 어려운 지경인 거라….
응우옌과 찐의 싸움으로 백성들만 죽어나는구나.

그러던 어느 날…
여보게! 모친이 위독해서 그러는데 급히 돈 좀 꿔 줄 수 없겠나.

세금 걷어 놓은 게 조금 있긴 하네만….
고거 내가 급히 쓰고 꼭 갚을 테니 나중에 메꿔 놓으면 안 되겠나?

그런데 이게 일이 커져 버렸어.
저자를 공금 횡령죄로 체포하라!

횡령이라니!

어려운 친구에게 잠시 꿔 줬을 뿐인데….

지들은 365일 백성들을 쥐어짜서 갈취하는 주제에!

이 사나이, 리더십이 있었나 봐.
인근 마을에 따르는 사람들이 많았단다.
여러분!
언제까지
당하고만
살 겁니까?

우리 모두
칼을 들고 일어섭시다!!
옳소!
지당!

이렇게 반란이 일어났는데,
이 사나이와 형제들이
반란군을 이끌었다.
응우옌 one!
첫째
응우옌반냑

응우옌 two!
둘째
응우옌반르

셋째
응우옌후에
응우옌 three!

우린 응우옌 삼 형제예요!!!

그런데 잠깐…

이 사람들도
응우옌씨야?

阮

찐씨 가문과 나라를 나눠 먹은
가문도 응우옌씨잖아?
같은 응우옌씨인 건
맞지만, 그렇다고
같은 가문인 건
아냐.

베트남에는 응우옌씨가 많대. 전 국민의
약 40퍼센트 정도가 응우옌씨라고 할 정도야.

우리나라의 김 서방 같은 개념인 거야. 물론 숫자로 보면
김씨를 모두 합친 것보다 훨씬 많겠지만….

사정이 이렇다 보니 아무래도 헷갈리잖아?
그래서 베트남에선 성 대신 이름 끝 글자를
부르는 게 일반적이라고 해.

다시 떠이선의 응우옌 삼 형제 이야기로 돌아와서….
그들은 의적으로 인기를 얻으며
세력을 넓혀 나갔다.

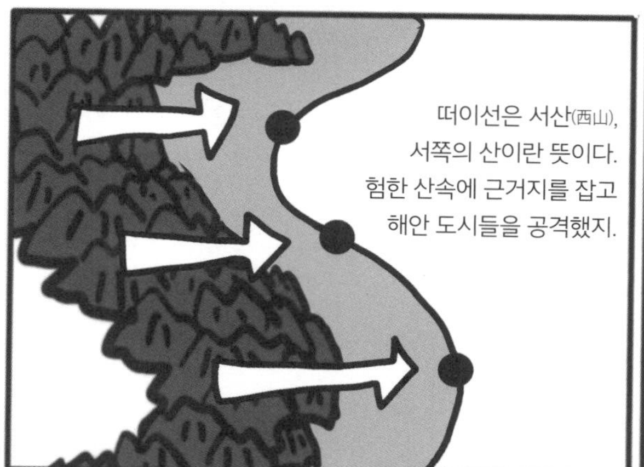
떠이선은 서산(西山),
서쪽의 산이란 뜻이다.
험한 산속에 근거지를 잡고
해안 도시들을 공격했지.

반란을 일으킨 지
불과 2년 만에
응우옌 가문의 주요 거점인
비자야*를 함락해서
세상을 놀라게 했다.

허걱! 이건 그냥
도적 떼가
아니잖아?
鄭
阮

지략도 만만치 않았다.
떠이선 작전
회의 중
찐과 응우옌을
동시에 상대하는 건
무리야.

지당하신 말씀!

그들을 갈라치기한
다음 한 놈씩 차례로
없애는 게 좋겠습니다.

좋아!
우선은 응우옌만
쥐어패자고.

• **비자야** 지금의 꾸이년

역적 응우옌이
차지하고 있던 땅을
정통 찐 가문에
돌려드리옵니다.
이런 작전을 짠 다음
응우옌 가문의 수도
푸쑤언*을 점령해서
찐 가문에 갖다 바쳤지.
鄭
푸쑤언
阮
• 푸쑤언 지금의 후에

호오, 무도한
도적 떼인 줄
알았건만
제법 도리를
아는구나.
황제께
말씀을 드려서
벼슬을 내리마.
鄭
특별히
기특히 여겨
광남 대감에
임명하노라.
생색 한번
더럽게
내는군.

푸쑤언이 함락될 때 도주한 응우옌 가문의 잔당 가운데
삼촌 딘브엉(정왕)의 손을 붙잡고 성을 빠져나온
이 열두 살 소년을 기억해 두자.
나중에 중요한 인물로 다시 등장할
테니….
푸쑤언
阮

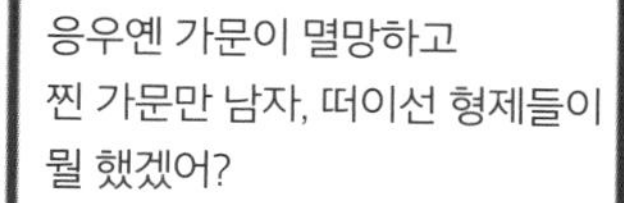
응우옌 가문이 멸망하고
찐 가문만 남자, 떠이선 형제들이
뭘 했겠어?

찐에게 빌려줬던
푸쑤언 말야….
찾아와야겠지?

막내가
출전하라!

떠이선이
푸쑤언을 다시
뺏어 갔다고
합니다요.
자식들~
줬다가
뺏어?

그런데 막내 응우옌후에는
푸쑤언에서 멈추지 않았어.
찐 가문의
군대가 옛날
같지 않군.

이럴 때 확실히
밀어붙여야겠어!

떠이선 군대가
이곳 탕롱으로
쳐들어오고
있답니다요!
뭬~야?
이 영감, 푸쑤언을 공짜로
덥석 받아먹을 땐 좋았지.

찐 가문은,
떠오르는 별
떠이선 군대의 적수가
되지 못했다.
응우옌후에는 어렵잖게
탕롱을 차지했고
찐 가문 잔당은
중국으로 도주했다.

• **레히엔똥** 레 왕조 27대 황제, 레현종

응우옌후에
탕롱
푸쑤언
이리하여 떠이선에서 반란을 일으킨
응우옌 삼 형제는 응우옌 가문과 찐 가문을
몰아내고 베트남을 다시 통일하게 됐어.
가장 큰 지분은 큰 공을 세운
막내 응우옌후에에게 돌아갔지.
응우옌반냑
비자야
응우옌반르
자딘

● **레찌에우통** 레 왕조 28대 황제, 레민제

난 할아버지처럼
말랑말랑한
사람이 아니라고.

몽땅 다 중국에
일러바칠 거야.

건륭제에게
밀정을
보냈어.
남비엣에선
레 왕조만 정식으로
중국의 승인을
받은 가문이온데

도적 떼 출신 떠이선
삼 형제가 제멋대로
왕 노릇을 하고
있습니다요.

부디 청의 군대를
남비엣에 보내시어
이것들을 혼내
주시옵소서.

기특한지고!
울고 싶던 차에 뺨을
때려 주는구나.

이리하여 1788년 청의 군대가 국경을 넘어 쳐들어가게 됐지.

하지만 청나라 군대는 월등한 군사력으로 탕롱성을 점령했지.
근데 이런 그림, 도대체 몇 번째야???

이러구러 음력설이 되었어.
중국인과 베트남인 모두에게
음력설은 최대의 명절이지.
핑호아~
풍악을 울려라!
탕롱성
아~ 고향의
명월이가
그립구나.
슈슈슉
기습이닷!!
으악~
퍽~
탕롱성
에쿠~

병력의 반을 잃고 황급히 도주하던 청나라 군대…

홍강을 건너다 다리가 무너지는 바람에
그 나머지 반도 몰살했단다.

형님이라고는
불러 줄 테니
앞으론 넘보지 마슈.

이렇게 체면을 세워 주고는
조공 외교를 맺는 정도로
마무리했지.
쩝~

그 와중에 이렇게
큰소리쳤다고 한다.
내가 안 봐줬으면
광동과 광서는
먹을 수도 있었어!

그랬더라면
베트남 지도가
이렇게 될 뻔했잖아.

이래서 베트남 사람들은 꽝쭝 황제를
쯩 자매, 응오꾸옌, 쩐흥다오와 함께
중국을 물리친 위인으로
존경하고 있어.

하지만 떠이선 왕조는
오래가지 못했어.
내 말 무시하고
탕롱에 가더니
혼자서 폼은 다 잡고
레 왕조의 사위까지
됐다고?

탕롱
(하노이)
푸쑤언
(후에)
권력을 잡고 나자
형제들 사이에
내분이 일어나기
시작했거든.
비자야
(꾸이년)
자딘
(호찌민)

큰형이라고
봐드렸더니
한 일은 없으면서
갑질을 하시네.

• 괄호 안은 현재 지명

게다가 아직 젊은 꽝쭝 황제가 시름시름 앓기 시작했다.
세자가 총명하나 아직 어리니 걱정이구려.

그리고 마흔을 앞두고 죽어 버렸지.
내가 죽더라도 부디 단합하여 황태자를 보필하시오.

그러지 않으면 푹아인이 쳐들어와 경들을 다 죽일 거요.

꽝쭝 황제가 걱정하던 푹아인이 누구일까?
몇 쪽 전에서 '다시 등장할 거라 했던 바로 그 소년'이다.
阮

응우옌푹아인은 시암* 라마 1세에게 몸을 맡기고 있다가…
얘를 잘 이용하면 남비엣을 내 손에 넣을 수도….

이때는 이미 장성해서 돌아와 남부 마을들을 점령하고 떠이선 형제들을 향한 복수심을 불태우고 있었다.

• **시암** 지금의 태국

응우옌푹아인의 복수심에는
사정이 있었다.
떠이선 놈들!
꼭 갈아서
먹으리라.

떠이선이 응우옌 가문의
본거지를 점령할 때였다.
뭐라고
쓰여 있느냐?
응우옌 가문의
조상 묘라는뎁쇼?

고뤠??

당장 파헤쳐라.
해골에라도
분풀이를 하겠다.

쓸데없는 짓을 했다.
상이라도 받을 줄 알았나?
어~
시원하다.

꽝쭝 황제가 일찍 죽은 것도
응우옌가의 원혼 때문이라는 전설이
있을 정도니까.
자고 있는데
오줌 눈 놈이
누구냐?

그러니 시암에서 지내던 소년 시절부터
누구의 도움을 빌리더라도 떠이선에게
복수를 해야겠다고 생각했겠지.

망명 생활을 하던 응우옌푹아인은
한 프랑스 신부를 알게 되었다.
듣자 하니
프랑스가 유럽에서
최강국이라던데….

신부님,떠이선 도적 떼들을
몰아내려는데 프랑스가
도와줄 수 없을까요?
제가 한번
힘껏 뛰어 보죠.

이 친구를 왕으로 만들면
동남아에 가톨릭 국가를
하나 세울 수 있겠어….

이 사람이 선교를 위해 동남아에 파견 나와 있던
파리 외방 선교회 소속의
피뇨 신부이다.

프랑스에 사절단을
보내서 군사 지원을
정식으로 요청합시다.
프랑스 국왕을
만날 수 있도록
주선하겠습니다.

그렇게 해 주신다면 안남의 옥새를 맡길 테니 좋은 소식 부탁하오.

응우옌푹아인
그리고 내가 직접 못 가는 대신 내 큰아들을 함께 보내겠소.
?
응우옌 푹까인

이렇게 삐뇨 신부는 응우옌푹아인으로부터 전권을 위임받아서 프랑스로 떠나게 됐는데…
큰소리는 쳤지만 프랑스 국왕을 무슨 수로 만나게 하나?

그래, 프랑스 연예계에 아이돌처럼 데뷔를 시키는 거야!

파리에 도착하자마자 양복집에 달려가 일곱 살 소년 응우옌푹까인에게 어느 나라 옷인지도 모를 희한하고 화려한 의상을 맞춰 입혔지.

이 전략(?)은 성공해서, 파리 연예계에서 선풍적인 인기를 끌었어. 이런 걸 동양에 대한 환상, 오리엔탈리즘이라고 하지.
어머, 어쩜 인형 같애~
코친차이나의 왕자래.

피뇨 신부의 작전이 맞아떨어져 드디어 루이 16세를 접견할 수 있었대.
여기가 베르사유 궁전이옵니다.

접견은 성공적이어서
아빠, 얘랑 놀아도 돼요?

그해 말에 드디어 군사 지원 조약을 손에 넣을 수 있었다.

그래서 프랑스 군대가 응우옌푹아인을 도우러 남비엣으로 왔을까?

천만의 말씀! 1789년 프랑스 대혁명이 일어나 루이 16세가 처형되는 바람에 조약은 휴지 조각이 되었다.

피뇨 신부 덕분에 응우옌푹아인은 우수한 서양식 대포를 사고, 서양 용병들의 지원을 받기도 하면서 철천지원수인 떠이선을 격파할 수 있었어. 하지만 떠이선이 무너진 가장 중요한 이유는 응우옌푹아인 군대의 우수한 무기 때문이 아니라 자신들 내부에 있었지.

• **응우옌꽝또안** 떠이선 왕조 2대 황제, 까인틴호앙데, 경성 황제

30여 년 전, 떠이선 군대에 쫓겨 푸쑤언에서 도망친 후
이리저리 떠돌며 복수를 다짐했던 소년 응우옌푹아인은
이렇게 새로운 왕조를 열었다.
베트남의 마지막 왕조가 된 응우옌 왕조의 첫 황제,
잘롱 황제가 바로 그이다.
때는 1802년, 조선은 순조 임금의 시대였고
세도 정치와 앞으로 일어날 홍경래의 난 등으로
망조가 본격적으로 나타나기 시작할 무렵이었다.

과연 잘롱 황제가 이끌 나라는 어떨 것인지….

응우옌푹아인
잘롱 황제

이럴 정도였으니 응우옌 왕조 시대에
편찬된 역사책이 떠이선 왕조에
대해 좋게 썼을 리가 없었겠지.
떠이선 삼 형제는 도적 떼 출신의 무도한 자들이다.
남비엣 역사 4
남비엣 역사 3
남비엣 역사 2
남비엣 역사 1

그런데 떠이선 시대만 하더라도 중국과
전쟁을 준비할 정도로 국가 자존심이 강했어.
광동과 광서는 우리 땅이야.

그러던 것이 응우옌 왕조에 들어와서는
중국을 세계의 전부라고 믿고
중국은 대국이니 알아서 모셔야 돼. 나머진 다 오랑캐야.
사대주의
모화사상

에헤헴~ 공자님께서 말씀하시길….
형식을 중시하는
유교 지상주의에
빠져들었다.
?

이런 것도 어찌나 우리
조선의 역사와 비슷한지….

그러다 보니 베트남 역사에 도도히
흐르던 북거의 기백도 희미해져 버렸다.
북 거

그 대신 중국과 전쟁도 없어서 평화로웠잖아?

이래서 응우옌 왕조부터
남비엣이 아닌 비엣남,
즉 베트남으로 불리게 된 거야.

南越 → 越南

월남
위에난
베트남
Vietnam

베트남에선 가톨릭 전교를 못 본 척했고, 1799년
피뇨 신부가 세상을 뜨자 잘롱 황제와 푹까인 황태자가
장례식에 참석해 애도했었지.

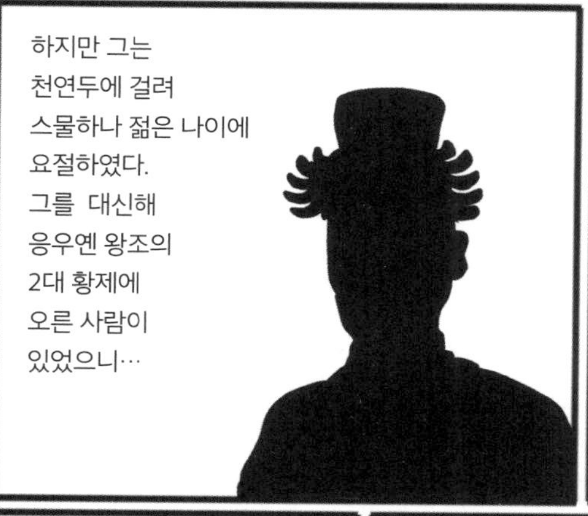

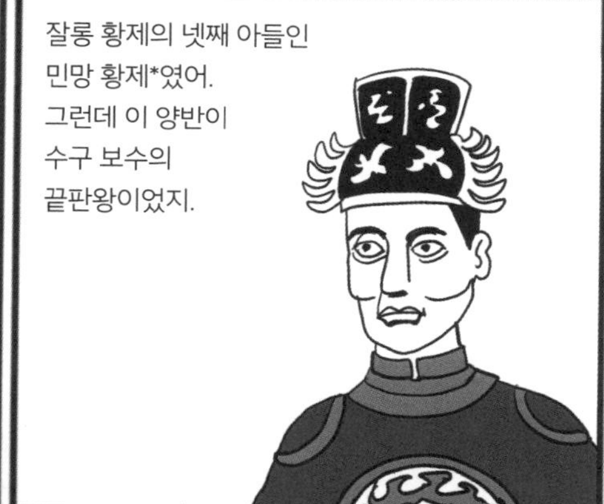

• **민망 황제** 응우옌 왕조 2대 황제, 명명제

유랑 극단은 베트남 농민들의
유일한 오락거리였는데
오늘도
즐거운
쇼쇼쇼~

남녀칠세부동석이거늘
모든 공연을 금지하라!

이렇게나 완고한 사람이었다.

아버지가 뽑아 놓은 궁정의 서양인들도
마음에 안 들었겠지.
추방!

구시렁~
구시렁~

전국에서 가톨릭교를 포교하던 프랑스 신부들을
잡아들였다.

조선에서는 박해 때 그냥(?) 목을 잘랐는데,
그건 여기에 비하면 약과였대.
으아악~
그냥
죽여 주쇼~
껍질이 잘
안 벗겨지네.

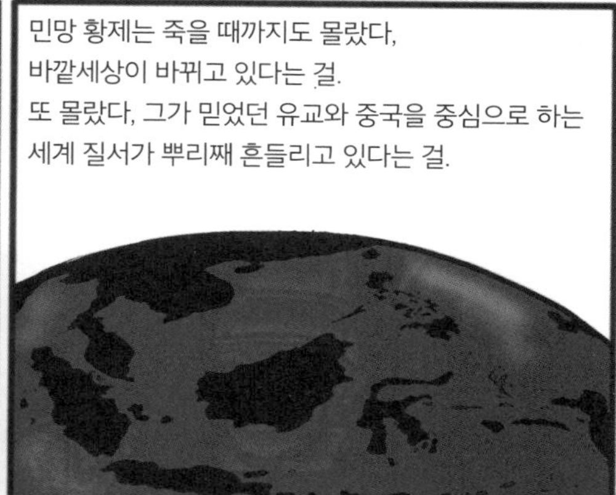

중국은 이미 최강국이 아니었다.
영국을 비롯한 유럽 제국들이
아시아를 먹이로 삼고 있었다.

민망 황제가 죽은 1841년은
아편 전쟁이 일어난 다음 해로,
영국이 종이호랑이인
청나라를 박살 내고 있을 때였다.

민망 황제의 뒤를 이은
3대 티에우찌(소치제)와
4대 뜨득(사덕제)은
민망 황제의 쇄국 정책과
가톨릭 탄압을 충실히 따랐다.
아니, 오히려 한술 더 떴지.
베트남 땅에
서양 신부들과 천주쟁이들이
단 한 놈도 살아남지
못하도록 하렷다.

이 무렵 프랑스에 한 야심가가
나타났다.

우리가 잘 아는
보나파르트 나폴레옹의 조카이다.

삼촌의 인기를 등에 업고
정권을 잡았는데
나폴레옹 3세라고 불리지.
어쭈,
저것 봐라?

우리 위대한 프랑스가
한눈파는 사이에
영국 놈들이 아시아를
다 먹어 치우고 있네?

애걔~
요 정도밖에
안 남았잖아!!

씨~ 너희만 입이냐?
나도 먹고 싶단 말야!
그냥 이러면
될 텐데….

베트남의 야만적 정권이
가톨릭을 박해하는 걸
더 두고 볼 수가 없도다!
꼭 이런
핑계를 대더라.

후에
다낭
프랑스군이
처음 상륙한 곳은
후에 밑에 있는
다낭이었다.

후에는 떠이선에게 쫓겨나기 전 응우옌 가문의 본거지였던
푸쑤언에 새로 붙인 이름이야. 프랑스가 곧바로 응우옌
왕조의 수도를 노린 거지.

그런데 말이지….
이게 생각처럼 만만치가 않은 거야.

수도가 함락될 위기였으니 베트남도 필사적이었던 거지.
허걱~ 여긴
방어가 빡센데?
좀 만만한 곳을
알아보는 게
어떨까요?

베트남의 과거를 살펴보면, 수백 년에 걸쳐 남쪽으로, 남쪽으로 참파와 크메르 땅을 정복해 가며 영토를 넓힌 남진의 역사였다.

하지만 이젠 남부 지방을 점령한 프랑스가 북쪽으로 진격하여 나머지 영토마저 빼앗아 가는 북진의 식민지 역사가 펼쳐졌다.

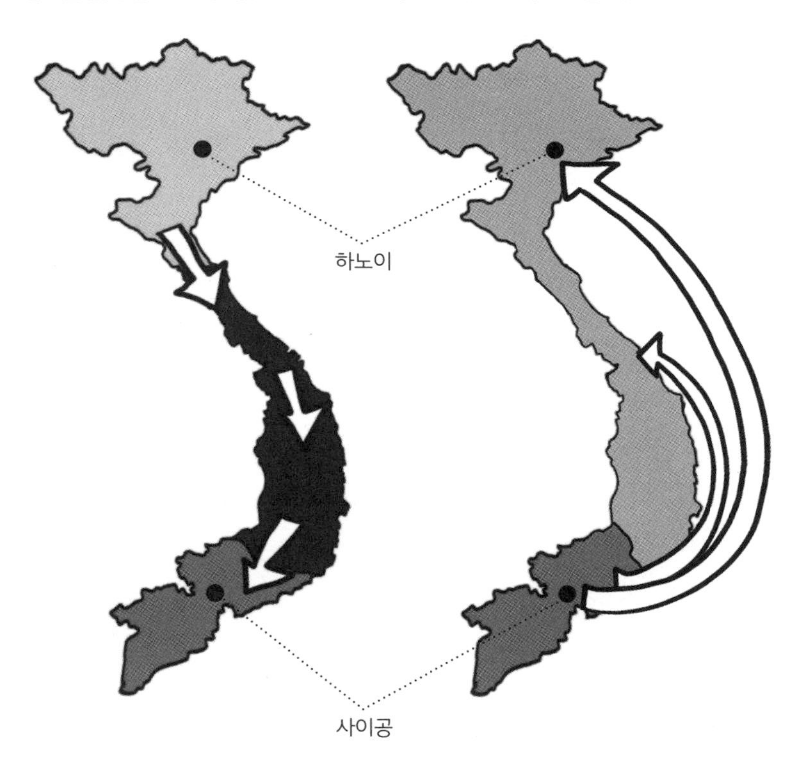

쓰러져 가는 조선의
종주권을 놓고 일본과
청나라가 붙은 적이 있지.
청일 전쟁이라고.
청일 전쟁
1894~1895

여긴 옛날부터
우리의 조공국인데
왜 자꾸 들이대냐고?
뭔 소리야?

돌겨억~

청나라는 신흥 강대국 일본에
혼쭐이 나고 조선에서 철수했지.
청국은 조선과
아무런 관계도
없음….

이보다 전에 베트남에서도
프랑스에 한마디 해 봤지만
아는 사람은 안다우.
베트남은 중국의
영역이라는 거.

그래 봤자 누가 한물간 종이호랑이의 말을 듣겠어?
중국이 하는 주장은 헛소리 취급을 받았지.
청불 전쟁
1884~1885

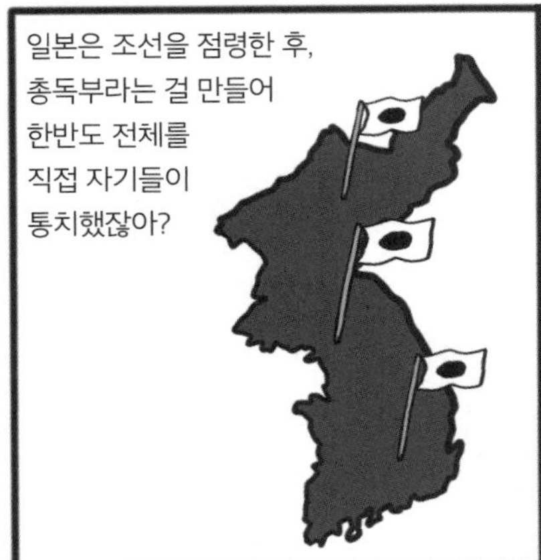

일본은 조선을 점령한 후,
총독부라는 걸 만들어
한반도 전체를
직접 자기들이
통치했잖아?

조선 왕조는 쫓겨나고
일본인 총독이 부임하여
통치하였다.

한데 프랑스는 좀 다른
방법을 썼어.
처음부터
점령한 남부
지방만 우리가
직접 다스리고,

중부와 북부는
응우옌 왕조가 계속
다스리게
해 주지 뭐.
정말로요?

북부, 중부, 남부가 옛날부터 다른 나라였고
떠이선 왕조 황제들도 나눠서 차지했다며?

그러니까 그들을 앞세우고,
우리는 뒤에서 조종만
하는 게 더 편할 거야.
이래서
조선 왕조와는
달리 응우옌 왕조는
허울만이라도
살아남았다.

그리하여 프랑스는 베트남을
세 구역으로 나누어 통치했다.
북쪽부터 통킹, 안남,
코친차이나라고 불렀는데,
가장 남쪽인 코친차이나에만
총독을 보내 직접 통치하고
통킹과 안남은 응우옌 왕조나
응우옌 왕조의 관리가 다스리는
형식을 취했어.

물론 실제로는 세 곳 다
프랑스 총독이 최고 권력을
가지고 있었지.

그런데…
통킹, 안남, 코친차이나
이런 요상한 이름들은
도대체 어디서 나온 거야?

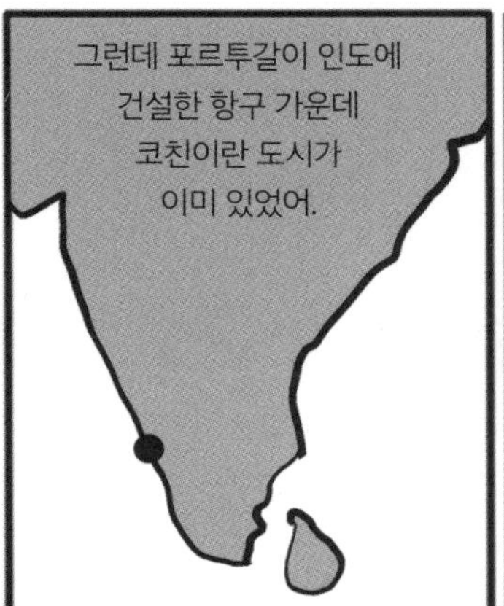

기억나지?
한무제가 남비엣에
설치했던 안남 도호부.

남쪽을 평안하게 하라!

安 南

안남

마지막으로 북쪽의 통킨은 레 왕조
시절 지금의 하노이를 일컫던 말이다.
동쪽에 있는 수도라는 뜻으로
일본의 도쿄와 한자가 똑같지.

東 京

동경

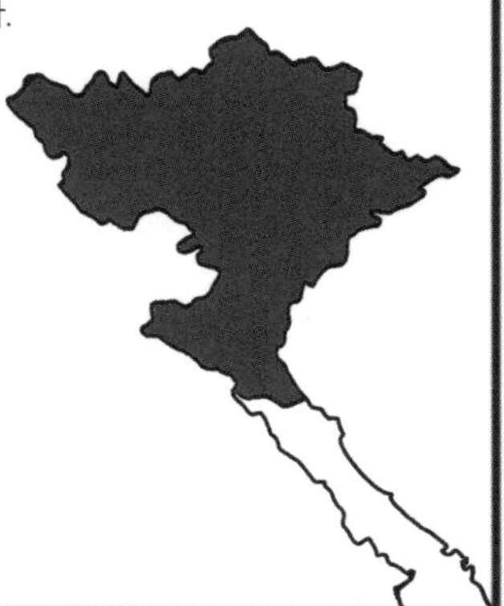

• **히엡호아** 레 왕조 6대 황제, 협화제

루셀 드쿠르시라는 프랑스 장군이
1885년 후에에 나타났다.
껀브엉인지 뭔지
주장하는 녀석들…!
기강 좀 잡아야겠어.
베트남 대신들!
내 앞으로
선착순 집합!
진상이었나 봐.
갑질을 부리기
시작했다.
건방진 자식!
누구더러 오라 가라
하는 거야?
구시렁대면서도
드쿠르시 관저에
다 모여들었지.
번호!
마흔하나
마흔두울
마흔셋
마흔넷,
번호 끝!

똔텃투옛은
왜 안 보이는 거야!!

그의 목적은 똔텃투옛을 망신 주려는 것이었나 봐.
껀브엉 운동의 주동자였거든.
나, 과격파.

똔텃투옛 대감은 몸이 편찮으셔서 드러누워 계신답니다.

기분 푸시고 황제 폐하께서 친히 보내신 선물을 받으시죠.

날 뭘로 보고 하는 수작이야? 내가 이런 선물이나 받으려고 온 줄 알아?

허거걱! 수작?

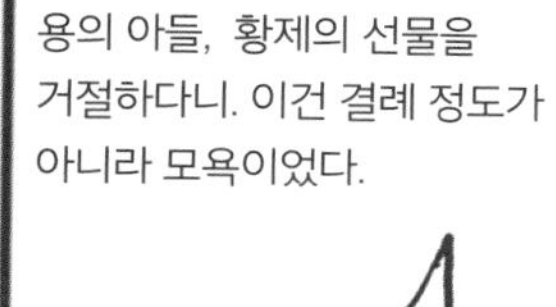
용의 아들, 황제의 선물을 거절하다니. 이건 결례 정도가 아니라 모욕이었다.

그런 건 됐고. 내 명령을 잘 듣고 그대로 준비하시오!

내가 궁정으로 갈 터이니 똔텃투옛을 무조건 출석시켜라. 그리고 가운데 문을 열어 놓고 황제가 계단 아래까지 내려와 나를 맞이하도록 하라.

이거 완전 진상이네. 가운데 문은 황제 전용문이었고 황제가 계단 밑으로 내려오는 건 생각할 수도 없는 일 아냐?

• **함응이** 응우옌 왕조 8대 황제, 함의제

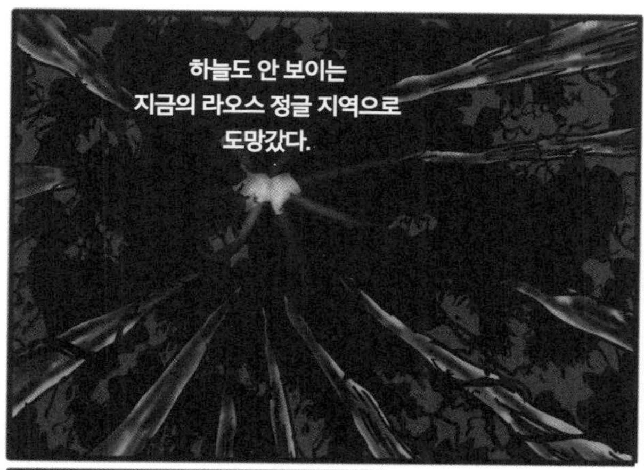

지구를 반 바퀴 돌아서 프랑스의 식민지였던,
북부 아프리카의 알제리로 끌려갔다.

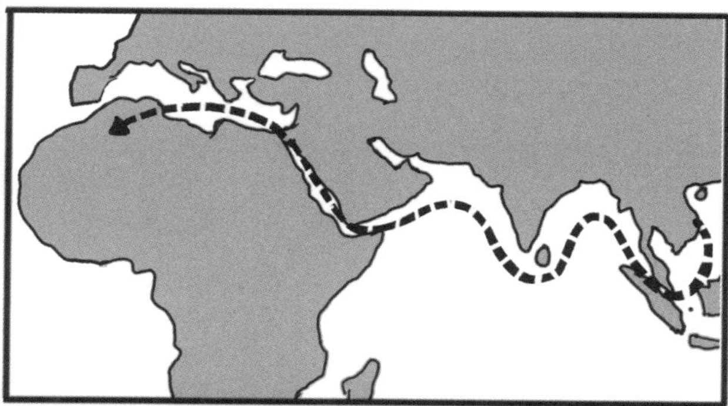

함응이가 겪은 불우한 삶은 우리나라로 치자면
영친왕과 비슷하달까? 그래도 영친왕은 표면적으로나마
일본에서 귀족 대우를 받았지만 함응이는….

완고한 유학자들의 쇄국 정책이었던
껀브엉 운동은 이렇게 실패했다.
공자님 말씀도 모르는 서양 오랑캐들에게 나라를 뺏기다니….
끄응~
1903년, 과거 시험장에서 처음 만난 두 사람이 있었다.
형씨는 이 나라의 미래를 어떻게 생각하시나요?
이런 식으로 유학만 붙들고 있다가는 암담하다고 생각하오만.
제 생각과 갈군요!
민망 황제나 뜨득 황제는 어떻게 보시나요?
세상 물정 모르고 똥고집만 부리다가 나라를 빼앗긴 무능한 사람들이죠.
뜻이 맞으니 술 한잔하러 갑시다.

1905년 러일 전쟁에서 일본이
러시아의 발트 함대를 박살 내고
승리를 거두었다.

와우! 아시아의 섬나라가
유럽의 거대한 제국을 박살 내다니!

이 두 사나이는 일본에 열광했다. 이들이 껀브엉 이후에 활약한 독립 운동 2세대인 판보이쩌우와 판쭈찐이다.
판보이쩌우
판쭈찐

러시아가 썩은 동아줄이었네.
프랑스가 베트남을 침략하듯, 일본 역시 조선을 집어삼키려는

제국주의 국가였지만, 당시 이들에게 그런 건 문제가 되지 않았다.
이제부턴 중국이 아니라 일본을 배워야 하오.
거럼요~

게다가 이때 일본은 원대한 계획을 세우고 있었지.
아시아의 젊은 정치가들을 우리 편으로 만들어 두면 언젠가는 써먹을 날이 올 거야.

판보이쩌우가 먼저 일본행 밀항선을 탔고 판쭈찐이 뒤따랐다.

이랏샤이마세~

東遊

동유

"동쪽으로 여행하라."

즉, 일본에 가서
배우라는 말이지.

이들을 통해 일본 거물들을
소개받기도 했다.

오쿠마
시게노부 경을 한번
만나 보시죠.

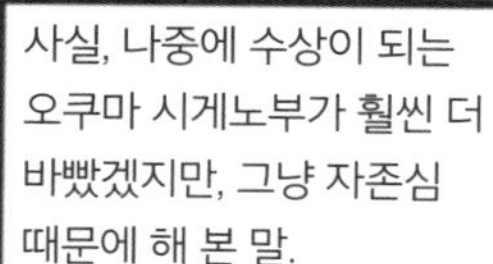

그러니 같은 아시아인의 의리로 많은 도움을 바라오.

일본에서 쫓겨난 판보이쩌우는
아시아를 방랑하며 투쟁을 계속했고

판쭈찐은 귀국 후
체포되었다가
프랑스로 추방되었다.

같은 독립 운동의 길을 걸었지만
두 사람은 뜻이 달랐나 봐.

1906년 홍콩에서 대판 싸우고 결별한 후
죽을 때까지 다시 만나지 않았다고 한다.

하지만 이 두 사람 모두로부터
영향을 받은 베트남 독립 운동의
다음 세대가 자라고 있었다.

노후에 판보이쩌우는, 초롱초롱한 눈빛으로
자신의 강연을 듣던 한 소년을 기억했다.

이 소년은 자라나 베트남 지도자가 되어
세계 역사를 뒤흔들게 된다.

이 소년, 어릴 때 이름은
응우옌신꿍이었으나

젊어서는 응우옌아이꾸옥이란
이름으로 활동하였다. 아이꾸옥이란
애국, 즉 나라를 사랑하는 사람이란
뜻이었지.

그 후로도 프랑스 비밀경찰의 눈을
피하기 위해 수십 개의 가명을
써야 했다.

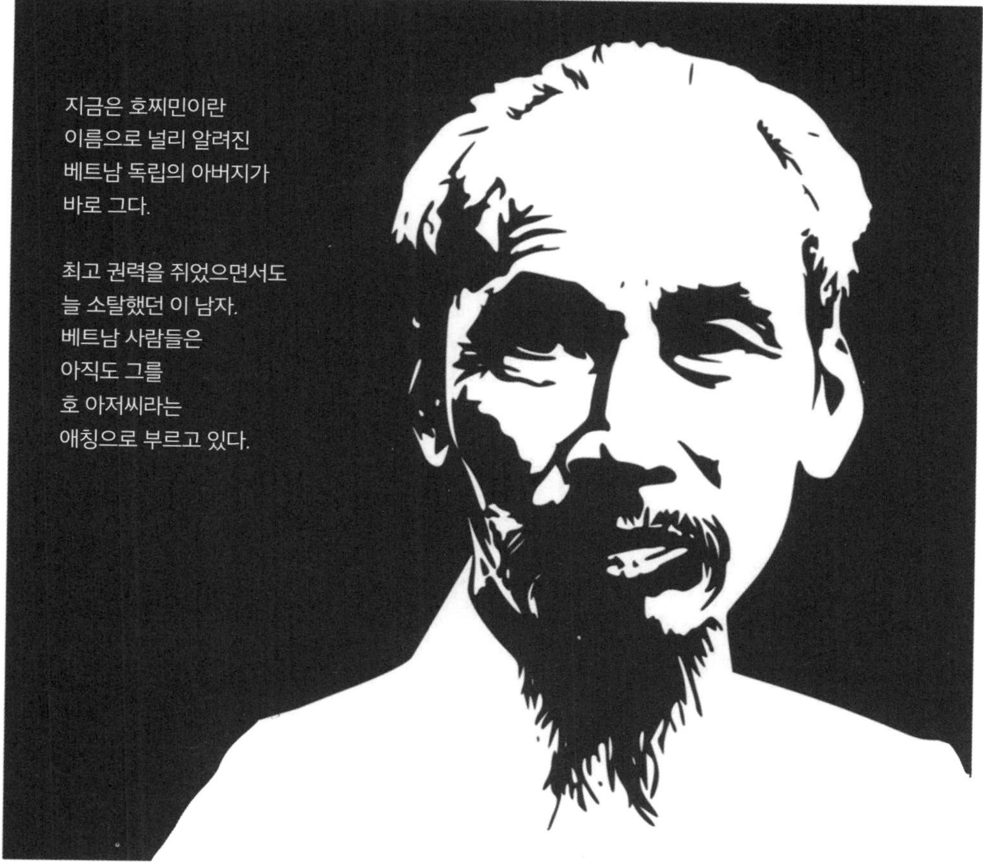
지금은 호찌민이란
이름으로 널리 알려진
베트남 독립의 아버지가
바로 그다.
최고 권력을 쥐었으면서도
늘 소탈했던 이 남자.
베트남 사람들은
아직도 그를
호 아저씨라는
애칭으로 부르고 있다.

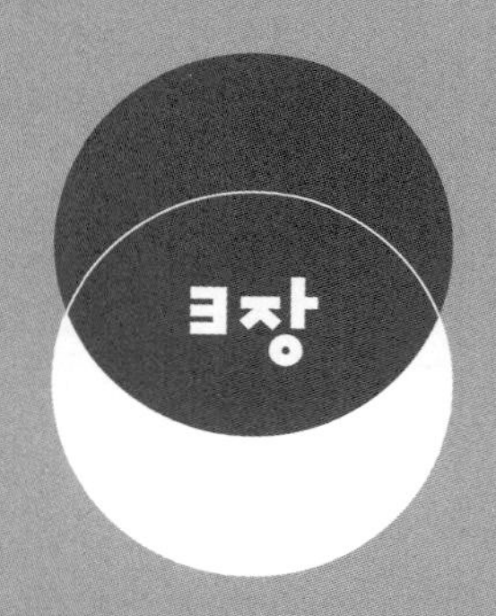

3장

격동의 파도를 넘어

호찌민의 부친은 유학자였지만 비교적 열린 사람이었대. 그 때문일까. 어린 시절 프랑스식 교육을 받을 수 있었지.

한데 젊은 시절 농민 시위에 참가했다가

프랑스 비밀경찰의 요주의 감시 대상이 되었단다.

그래서 사이공의 학원에서 선원 교육을 받고 1911년 선원으로 취직해 프랑스행 배에 몸을 실었다. 그의 나이 갓 스물을 넘겼을 때이다.

마르세유에 도착해서 전차라는 걸
처음 보았다고 일기장에 적었다.
땡땡땡땡

역시 젊은이에게 여행과 독서만큼 좋은
가르침은 없나 봐.
나는야~
호기심
대왕~

파리에서

런던에서

뉴욕에서…,
젊은 호찌민은
스펀지처럼
넓은 세상을
빨아들였다.

닥치는 대로 알바를 하며 여행
경비를 마련했는데, 배에선
주방 보조…

육지에 머무는 동안에는
정원사도 했고…

사진관에서 필름 '뽀샵'하는
일도 했단다.

프랑스는 자신들의
이익을 위해
베트남을 짓밟아
식민지로 만들어 놓고도
선진 세계 문명을
베트남인들에게
나눠 주는 것으로
포장했다.
당시 유럽이나 일본의
제국주의자들에게
흔한 위선이었지.
우리는 위대한 프랑스 대혁명의 정신과
세상에서 가장 아름다운 프랑스어와
가톨릭 신앙을 전해 주어야 할 의무가 있습니다.

하지만 결과적으로 볼 때 프랑스는 그래도
베트남에 두 가지 공헌을 했다.
베트남 형제 여러분, 구원을 받으려면 예수님의 말씀, 성경을 열심히 읽어야 합니다.
??
읽고는 싶은디 글자를 몰라서유.
당시 베트남에선 한자를 쓰거나
하늘 천 따 지~
검을 현 누르 황~
하늘[天]은 검고[玄] 땅[地]은 누르다[黃], 이런 뜻이니라.
한자를 응용한 쯔놈이란
문자를 쓰고 있었거든.
우리나라의 이두와 비슷한 것이었지.

이게 지금 베트남에서 쓰고 있는 문자야. 꾸옥응으, 또는 쯔꾸옥응으라고 하는데 국어라는 뜻이야.

꾸옥응으[國語]

Quốc Ngữ

A Ă Â B C D Đ E Ê G H I K L M
N O Ô Ơ P Q R S T U Ư V X Y

프랑스가 베트남에 기여한 첫 번째 공헌이
문자 보급이라면 두 번째는 과연 무엇일까?
현지 프랑스인들은 베트남에 있는 프랑스인들보다 훨씬 훌륭하군.

20세기 초의 프랑스는 톨레랑스(관용)의 나라,
세계의 모든 방랑자들을 받아들여 꽃피워 주던 나라였다.

수도 파리에는 무명 시절의 피카소, 러시아에서 탈출한 음악가 라흐마니노프와 스트라빈스키 같은
외국인 예술가들뿐 아니라 과격한 무정부주의자들, 사회주의자들까지 섞여 살고 있었다.
여기에 호찌민 같은 가난한 식민지 청년들도 품어 주었던 거야.

베트남에서 온 응우옌 아이꾸옥입니다.
그중에서도 사회주의자들이 호찌민을 가장 따뜻하게 맞아 주었지.
응우옌 동지, 함께 노동자의 천국을 만들어 봅시다.

누구보다도 사회주의자들이 식민지 처지에 동정적이더군요.

사회당 집회를 찾아다녔고 가끔은 연설을 할 기회도 얻었다.
프랑스 지식인들이여, 제 말을 들어 주세요.

그러던 중 프랑스로 쫓겨 와 있던 판쭈찐이 이런 제안을 했지.
자네 같은 젊은이가 이런 데 나가서 조국을 위하여 발언을 해야 하네.

이런 데가 어디냐? 파리 근교의 베르사유 궁전이다.
1919년 제1차 세계대전의 종전 협상을 위해 세계 지도자들이 베르사유에 몰려와 있었거든.
들어 봤지? 베르사유 조약이라고….

이 무렵 우드로 윌슨 미국 대통령이 민족 자결주의라는 걸 주장하여 식민지 백성들이 한껏 기대에 부풀어 있었어.
모든 민족은 스스로 자신의 정치적 운명을 결정할 권리가 있습니다.

여기에 영향을 받아서 우리나라에서 삼일 만세 운동이 일어나기도 했지.

베르사유에서는 쫓겨났지만 성과가 있었다. 호찌민이 쓴 「안남 민족의 요구」라는 글이 조그만 신문에 실렸거든.

이게 호찌민의 정치계 데뷔였다.

1920년 12월, 프랑스 공산당이 창당하였다. 호찌민도 사회당에 그대로 남거나 공산당에 가입하거나 결정을 해야 했지.

호찌민을 일생 동안 따라다닌 질문이 있다.
그는 공산주의자냐?
아니면 단순한 민족주의자냐?
사실 이 질문의 답이 베트남 미래의 운명을 결정지었다.

공산주의가 부르짖는
주장의 요점은 이거였다.
세계의
노동자 계급이여!
단결하여
투쟁하라!

국적이나 민족은 중요하지 않다. 같은 민족이라도 계급이
다르면 적이다. 중요한 것은 어느 계급에 속하느냐 하는 것이다.
민족이 달라도 같은 계급끼리 뭉쳐야 한다.
부르주아
계급
프롤레타리아
계급

세계의 노동자, 농민이여!
붉은 깃발 아래 단결하라!!

물론 이론만 이렇고 실제로는
공산주의자끼리도 자기 민족과
국가의 이익을 위하여 싸운다.
저건 가짜야.
우리 깃발이
진짜로 붉은
깃발이다!!!

공산당 쪽이
베트남 독립에
더 도움이 될 것
같아….

그리고 거창한 명함을 받았지.
프랑스 공산당 인도차이나 대표
응우옌아이꾸옥
전화번호 아직 없음

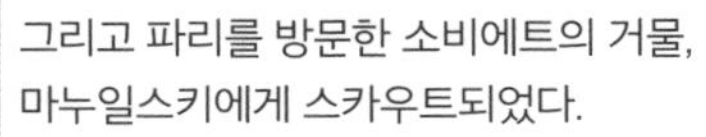

지원을 받으면 지령도 받아야 하는 법이야.
1년 후 국제 공산당의 지령이 떨어졌다.

중국에서 부지런히 일했다. 공산당 기관지에 글도 기고하고
베트남 청년들을 교육시켜 베트남에 침투시켰지.

이 20년 동안 베트남 청년 혁명 협회, 베트남 공산당, 인도차이나 공산당 등
각종 공산당 조직을 만들며 인도차이나를 대표하는 공산당 거물로 성장했다.
당연히 프랑스 비밀경찰의 특A급 수배범이 되었어.

호찌민, 운이 좋았다. 이때까지만 해도 영국, 프랑스 모두 소련에게 잘 보이려고 애쓸 때였거든.
같은 편이 되어 독일의 뒷문을 위협해 달라 이거지.

그로부터 10년 후,
국제 공산당은 드디어
이런 지령을 내렸다.
호찌민 동지,
베트남으로 잠입하여
임무를 수행하시오.

오옷, 드디어
조국 땅을 밟게
되는구나!

30년 전 사이공강에서 프랑스행 기선에
올라탔던 꿈 많던 청년 응우옌신꿍이,

넓은 세상을 구경하던 호기심 가득한
젊은 애국 청년 응우옌아이꾸옥이,

국제 공산당의 거물 호찌민이 되어,
중국 국경의 밀림을 통해
조국 베트남으로 돌아왔다.
쿠궁

돌아오자마자 호찌민은 프랑스가 무너뜨린 인도차이나 공산당을 대신할 조직을 세웠다.

그렇다. 베트남 독립 동맹이다.
여기서 베트민(비엣민)과 월맹이란 말이 나온 것이다.

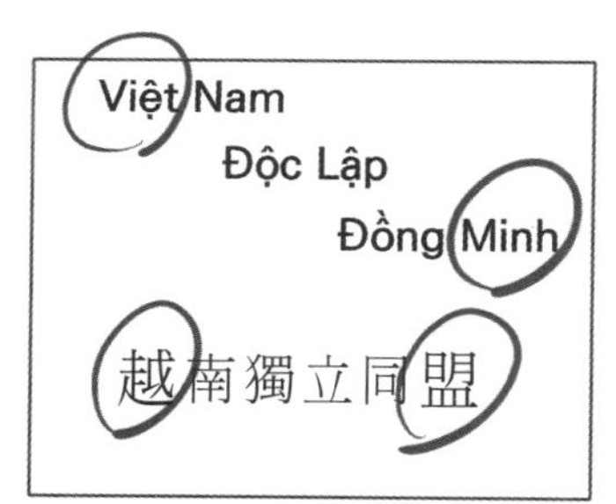

그래서 베트남 전쟁 당시 우리나라 신문이나 방송 등에서 북베트남 정권을 월맹이라고 부른 거지.

호찌민이 베트남으로 잠입한 1941년은 제2차 세계대전 와중이었다.

그 전해인 1940년 프랑스군은 언제나처럼 큰소리를 뻥뻥 쳤으나…

독일 놈들 한주먹감도 안 돼요.

독일군의 번개 같은 공격에 무너져 불과 두 달 만에 두 손을 들고 말았지.

많은 프랑스인들이
저항 운동(레지스탕스)에 나서고,
상해 임시 정부처럼
해외 망명 정부를
세웠지만,

프랑스 비시라는 도시에
괴뢰 정부가 세워져
독일의 하수인 노릇을 했는데
이걸 비시 정부라고 불렀어.

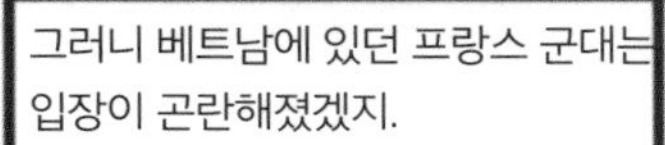
그러니 베트남에 있던 프랑스 군대는
입장이 곤란해졌겠지.

졸지에 독일, 이탈리아,
일본으로 이루어진 추축국
동맹의 멤버가 되어 버린 거야.
당신들 이제부턴
우리에게 협조해야
하는 거 알지?

호찌민이 돌아왔을 때는 일본군이
이미 베트남에 들어와 주둔하고 있었다.

• **귀축영미**(鬼畜英米) 악귀[鬼]와 짐승[畜] 같은 영국과 미국이란 뜻으로, 제2차 세계대전 당시 일본이 교전국 상대를 깎아내리고 자신들의 우월감을 높이기 위해 쓴 선전 용어다.

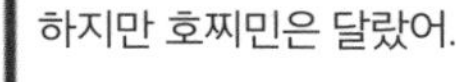
하지만 호찌민은 달랐어.

대동아 공영 운운하고 있지만
일본도 프랑스와 똑같은
제국주의 국가일 뿐이야.

그리고 국력으로 볼 때
일본은 미국의 상대가 안 돼.
결국 미국이 승리하고
세계 패권을 잡게 될 것이다.

미국과 친밀한
관계를 맺어서
베트남의 독립을
지지하게
해야 해!

이 영감, 작두 탔나?

아마도 젊어서
넓은 세상을
돌아다니며 얻은
견문 덕일 것이다.

하지만 결국
우리 자신에게
힘이 있어야 해.
베트민(월맹)
군대를
만들자.

달랑 30명에 권총 2자루, 소총 17자루밖에
없었지만 부대 이름은 거창했단다.
뭐였을까?
기관총도
한 정 있었어요.
고장 난 거지만.

그 이름도 찬란한
쩐흥다오 부대!
두둥~

이 초라한, 하지만 이름만큼은 찬란한
쩐흥다오 부대를 만든 12월 22일이
바로 베트남의 국군의 날이다.
그리고 이 부대의 지휘를 누구에게 맡겼을까?
자네가 꼭 맡아 줘야겠어.
전 그냥 역사 선생이었는데요?

바로 적군인 미군들도
존경했던 장군,
수십 년 동안 베트민의
국방장관으로 있으면서
프랑스, 미국과 전쟁을
벌인 보응우옌잡이다.

이제부터 160센티미터도 안 되는
이 두 사나이들이 환상적인 콤비로
상대국들에 맞서게 된다.

호찌민이 일본을 적대시하고 미국에 우호적이라는 정보가 미국 OSS(군 정보기관)에 들어갔다.

지난달에는 정글에 불시착한 아군 조종사를 기지까지 안전하게 데려다주었음.

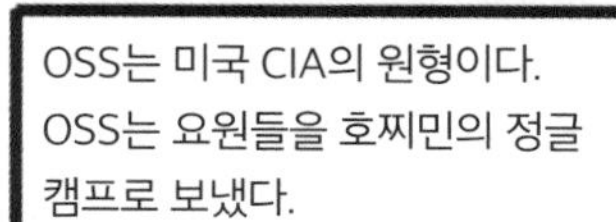

그러면 우리가 당신들 부대를 훈련시키고 무기를 제공하죠.

정글에서 함께 뒹굴다 보니 친해졌겠지.

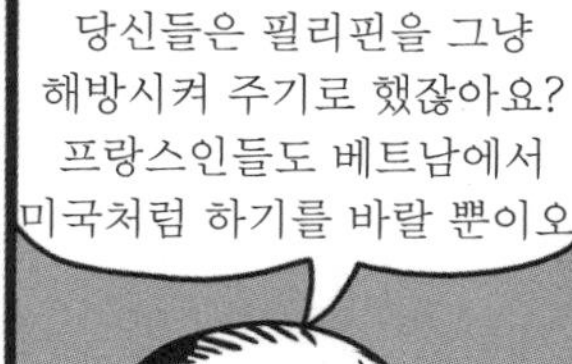

그러던 중 OSS 임무가 끝나는 사건이 벌어졌다.
미국이 1945년 8월, 히로시마와 나가사키에
원자폭탄을 투하한 것이다.

헤어지기 전날, OSS 팀과 정글에서 마지막 회식을
했다. 이 자리에서 토머스 소령은 이렇게 물었다.

미스터 호, 당신은
공산주의자입니까?

어떻게 보면 당돌하고,
또 어떻게 보면 무례한
질문이었지만,
정보 책임자 토머스 소령은
진심으로 궁금했을 것이다.

미국으로서는 '공산주의자냐,
아니냐'가 그만큼 중요한
문제였다.

그렇소,
토머스 소령.

하지만 그렇다 해도
우리는 친구가 될 수
있겠죠?

호찌민의 말처럼 될 수도 있었다.
그랬다면 비참한 전쟁은
없었을지도 모른다.
흠….

일본이 항복할 당시 베트남
상황은 복잡하기 이를 데 없었다.

연합군이 프랑스에서 독일을 쫓아내자 베트남에 있던 일본군과
프랑스군은 또다시, 그리고 더 야릇한 관계가 돼 버렸다.
어차피 처음부터
억지 동맹이었는데…,
이젠 동맹도 아니잖아.
저 자식들이
언제 우릴
공격할지 몰라.

일본군은 기습적으로 프랑스군을
무장 해제 시키고
우린 특기가
'선빵'이야.

바오다이에게 이렇게 선언하도록 했다.
이제부터 베트남은
프랑스와 관계없는
독립국이다.
바오다이

일종의 독립 선언인데 아무 의미 없다. 프랑스
대신 일본이 주인이라는 소리를 하려는 거거든.
청일 전쟁 후 조선에 했던 것과 똑같은 수작이지.
조선은 이제부터
청나라와 관계없는
독립국이다~

그런데… 윤기 좔좔 흐르는,
포마드로 머리를 빗어 넘기고
명품 양복으로 잔뜩 멋을 부린
바오다이라는
이 사람은 누구야?

통킹
Tonkin
프랑스가 베트남을 점령한 후
남부의 코친차이나만
직접 통치하고
중부의 안남은 응우옌 왕조를
꼭두각시로 앉혔다고 했지?
안남
Annam
코친차이나
Cochinchina

바오다이는 1913년 꼭두각시 응우옌 왕조의
왕자로 태어났다. 그리고 아홉 살에 프랑스로
보내져 프랑스식 교육을
받으며 자랐지.

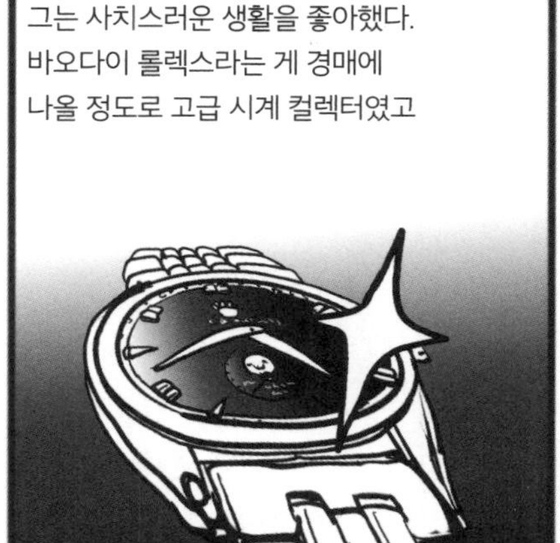
그는 사치스러운 생활을 좋아했다.
바오다이 롤렉스라는 게 경매에
나올 정도로 고급 시계 컬렉터였고

영화와 고급 자동차 마니아에 도박광에
화려한 바람둥이였어.
그래야
우리가 다루기
더 쉽지.

호랑이 사냥을 너무 좋아해서 베트남에서 호랑이가 멸종된 이유가 바오다이 때문이라는 이야기가 있을 정도. 아무튼 팔자 좋은 한량이었다.

세상이 어지럽다 보니 까오다이교나 호아하오교 같은 신흥 종교들도 세력을 넓히고 있었지.

그래서 일본이 무조건 항복을 선언한 1945년 여름의 베트남에는 이런 세력들이 뒤섞여 있었던 거야. 일본이 항복하면서 하루아침에 뚜렷한 주인공이 없는 혼란이 시작된 거야.

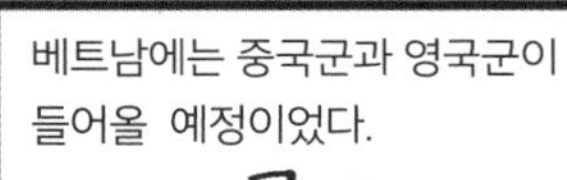

우리나라에는 일본군 무장 해제와 치안 유지를 위해 미군과 소련군이 들어왔었지?

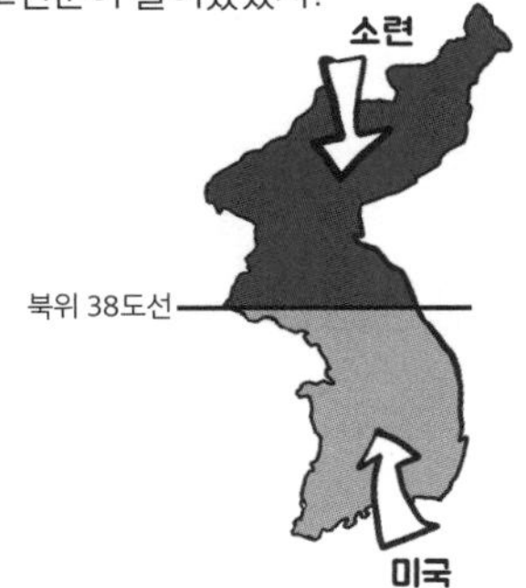

베트남에는 중국군과 영국군이 들어올 예정이었다.

그리고 머지않아 프랑스가 다시 돌아올 것이다!

법보다 개인 원한이 앞서 엉망이 되면
베트민이 독립국을 이끌 능력이
있다고 주장하기 어렵겠지.

일본인 두 명을 살해한 사건이
있었는데 범인을 잡아 일본군에
넘겨주기까지 했다.

그리고 마지막으로 바오다이를
설득하여 물러나게 했다.

이리하여 껍데기만 유지되던
베트남 마지막 왕조인 응우옌 왕조는
1945년 8월 25일 공식적으로
문을 닫게 되는 것이다.

흑흑, 성은이
망극하나이다.

광장에 모인 수천 명의 군중 사이로 가냘픈 노인의 떨리는 목소리가 스피커를 타고 흘러나왔다.

그런데 이거 어디서 들어 본 소리다. 150년 전 토머스 제퍼슨이 쓴 미국 독립 선언문과 비슷하잖아?

아니, 공산주의자답게 레닌 연설에서 따오든지 하지 왜??

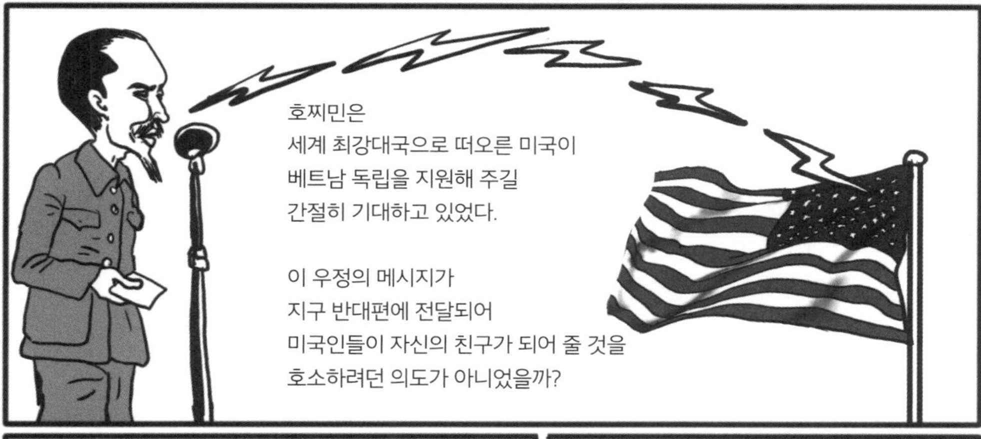

호찌민은
세계 최강대국으로 떠오른 미국이
베트남 독립을 지원해 주길
간절히 기대하고 있었다.

이 우정의 메시지가
지구 반대편에 전달되어
미국인들이 자신의 친구가 되어 줄 것을
호소하려던 의도가 아니었을까?

더구나 프랭클린 루스벨트 미국 대통령은,
베트남을 점령하여 다시 식민지로 삼으려는 프랑스를
탐탁지 않게 생각하고 있었거든.

그런데… 그러던 그가 산책 중에 심장마비로 갑자기 죽어 버린 거야.

그리고 반공 제일주의가 미국을 지배했다.
공산주의만 막을 수 있다면
무슨 짓을 해도 못 본 척하고
아무 말도 안 할 거야.
도미노 게임과 똑같은 거야. 만약 베트남이 공산화되면
톡~
이웃 나라들도 연달아 공산화될 게 뻔해.
와다다다닥
중국이 베트남을 공산화시키면

베트남 이웃 나라들도 모두 공산화될 거야. 그런 꼴을 보고만 있을 순 없지!

더구나 호찌민은 중국 공산당의 하수인이야.
그런 자가 베트남을 통일하게 놔둘 순 없어.

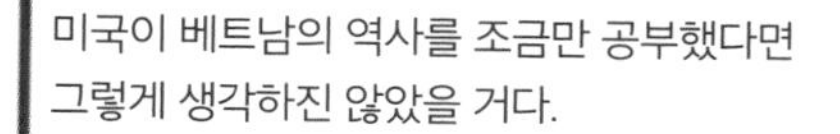
미국이 베트남의 역사를 조금만 공부했다면
그렇게 생각하진 않았을 거다.

꽝쭝 황제가 청나라 침략에 맞서
출전하기 전에 한 웅변을
미국이 알고 있었다면
20세기 세계 역사가
달라졌을지도
모른다.

그는 이렇게 말했다.
남비엣의 피끓는
용사들은 모두 들으라!
청의 도적들이
우리 조국을 짓밟고
탕롱을 점령했다.

이 땅이
어떤 땅인가?
한나라의 침략에 맞서
쯩 자매가
피를 흘렸고

쩐흥다오 장군이 원나라의
적들을 몰아내었고

레러이께서 천하의 보검으로
명나라 도적 떼를 물리치신 바로
그곳이다.

이제 청이 지난날 일어난 일들을 잊어버리고 다시 이 땅을 탐하고 있다.
우리는 놈들을 하나도 살려서 돌려보내지 않으리라.

수천 년 중국과 베트남 사이에 일어났던 북거의 역사를 부르짖자 병사들은 목숨을 바칠 각오로 진격했다. 그다음 이야기는 이미 알고 있잖아.
으악, 다리가 무너지려 한다!

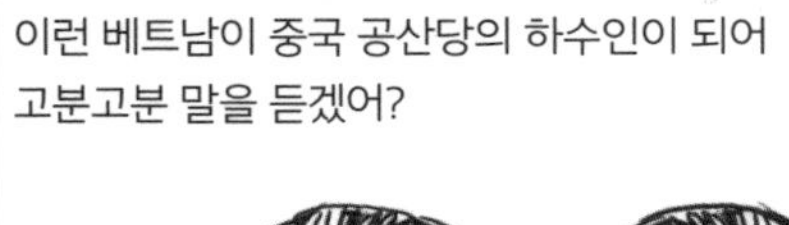
이런 베트남이 중국 공산당의 하수인이 되어 고분고분 말을 듣겠어?

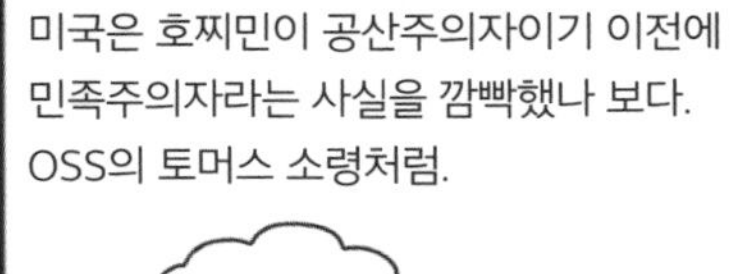
미국은 호찌민이 공산주의자이기 이전에 민족주의자라는 사실을 깜빡했나 보다. OSS의 토머스 소령처럼.

흠….

그래서 미국은 프랑스가 베트남을 다시 점령하는 걸 못 본 척해 주었다.

아니 오히려 적극적으로 지원했지.
우린 소련과도 싸워야 하니 베트남은 프랑스가 책임지고 공산화를 막아 주쇼.
걱정 마슈, 무슈 트루먼~

특히 1949년 국민당 군대가
마오쩌둥의 공산당에 쫓겨나
중국 대륙이 공산화되고

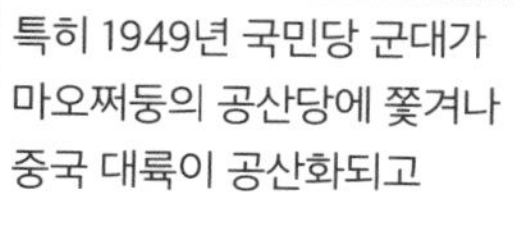

1950년 김일성 군대가
한국 전쟁을 일으키자

프랑스의 베트남 점령은
더욱 힘을 받았지.

글쎄,
우리가 아니면
베트남도 바로
공산화된다니까.

1946년 하이퐁을 공격한 이후
대부분 도시를 프랑스군이
점령했지만

보응우옌잡이 이끄는
베트남 군대는 끈질기게
게릴라전으로 버티고 있었다.

이렇게나
두들겨 패는데도
왜 전쟁이
안 끝나는 거야?

왜 항복을 안 하냐고?

베트민 군대는 많이도 죽었지만
바로바로 충원되었다.

아니, 죽여도 죽여도 계속 베트민에 입대하는 이유가 뭘까요?
베트남인들은 호찌민을, 민족 독립을 위하여 싸우는 진정한 지도자라고 생각하기 때문이죠.
이런 걸 정통성이라고 한답니다.
그럼 우리도 정통성이란 걸 만들어 보자고.
친애하는 베트남 국민 여러분, 이번에 여러분을 위하여 나라를 하나 특별히 만들었습니다.
나라 이름은 '베트남국'이고요, 우리 프랑스 말을 잘 들어야 하지만, 적어도 겉으로는 독립국이랍니다.
뭔 소리여?
그리고 비쩍 마른 호찌민보다 훨~씬 멋있는 분을 국가수반으로 모셨습니다.
나와 주세요~
빰빠라밤~

응우옌 왕조가 문을 닫은 후 홍콩과 중국을 떠돌며
한량 생활을 하고 있던 바오다이를 다시 등판시켰다.
이번에는 황제가 아닌 국가수반으로….
허수아비니, 꼭두각시니 하기 없기.
베트남국 수반 바오다이

하지만 베트민은 물러설 기색이 없었다.
오히려 공산화된 중국의 지원을 업고 라오스 공산당과 연합하여 전선을 넓혔지.
라오스
태국

이대로 질질 끌다간 자칫 개망신을 당하겠어. 국면 전환이 필요해….

역시 프랑스군의 에이스를 내보내야겠어.
프랑스 수상
르네 메이에르

나바르 장군, 장군이 직접 나서 줘야겠소.

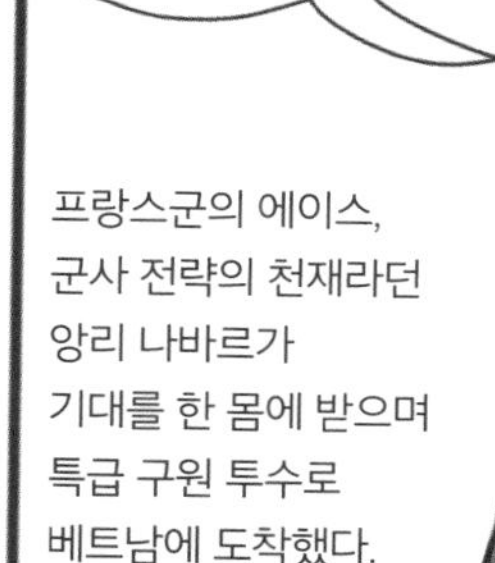
나로 말할 것 같으면 프랑스 명문 군사 학교 생시르 출신이라우.
프랑스군의 에이스,
군사 전략의 천재라던
앙리 나바르가
기대를 한 몸에 받으며
특급 구원 투수로
베트남에 도착했다.

나바르는 그동안 베트남에서 있었던 전투 기록을 샅샅이 뒤져서 다 읽었다.
돌대가리들~ 이러니까 안 되지.

나바르는 아무도 생각지 못한
기상천외한 작전을 구상했다.

지금부터 본인이 수립한
작전 계획을 브리핑하겠소.

우리가 고전하고 있는 이유는
적에게 결정적인 한 방을
먹이지 못했기 때문이오.

그거야
누가
모르나유?
대규모 작전으로 적의 주력을
깨부숴야 베트민이 협상을
하자고 나올 거요.

그래서 어케
할 거냐니까?

지금처럼 언저리에서만 깔짝댈 게 아니라 적의 배후 깊숙이…

라오스 접경 지역에 대규모 아군 병력을
배치하는 거요!

적은 우리가 후방에 있는 한 아무것도 할 수 없지.
라오스와 연결도 끊기게 생겼네.

베트민은 있는 병력을 탈탈 털어서라도 우리의 전진 기지를 공격하려고 할 거요.
에잇, 이판사판이닷!

이때를 노렸다가 결정적 한 방을 날리는 거지. 어때, 이제 아시겠지?
퍽

이제부터 적 후방 라오스와 가까운 국경 지대의 험준한 산악 지역에 프랑스군 1개 사단을 배치하겠소.
그 운명의 장소는 바로바로…
디엔비엔푸

질문 있어요~ 적 후방의 그 먼 곳까지 무기와 식량과 병사를 어떻게 보내나요?

장군님, 그거 아시나요? 임진왜란 때 일본군들도 조선 수군의 거북선에 막혀 보급을 제대로 못 해서 졌다던데요?

그러니까 머리를 좀 쓰라는 거요.

베트민은 전투기도, 대공포도 없이 파자마만 입고
싸우는 군대야.

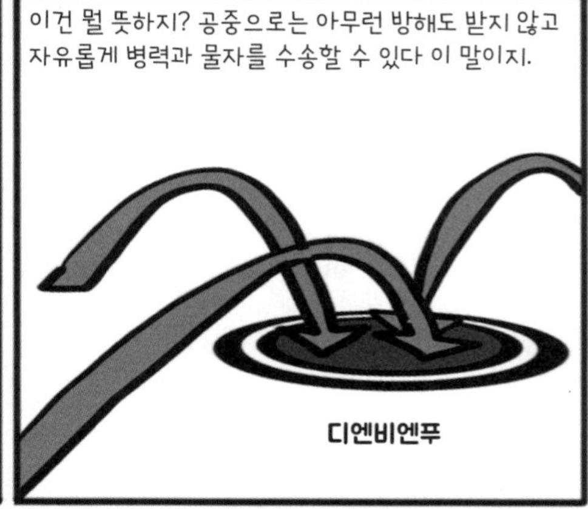
이건 뭘 뜻하지? 공중으로는 아무런 방해도 받지 않고
자유롭게 병력과 물자를 수송할 수 있다 이 말이지.
디엔비엔푸

약간의 반대가 있었지만 수상이 직접 뽑아서 보낸
전략 천재다. 그리고 자칭 천재는 남의 말을
잘 안 듣는 법이거든.
돌대가리에
겁쟁이들…
암만 그래도
보급선이 너무
길어요.
병력을 한곳에
몰빵하는 건
너무 위험해요.

1953년 11월부터 북쪽으로 향하는 대규모 공수 작전이
시작되었다.

병력은 물론이고 야포에…

탱크까지….

활주로
Nam Ngum
River
디엔비엔푸 일대에
약 16,000명의 병력이
8개의 진지를 구축했다.

이 모든 과정을 보응우옌잡은 꼼꼼히
감시하고 있었다.
음, 저 정도면
사단 규모가
넘겠어.

결정적 전투가
벌어질 거요.
모든 병력을 은밀히
디엔비엔푸로
집결시키시오.
그리고 탄약과
식량을 최대한
비축하시오.

베트남 북부, 라오스 접경 지역은
험준한 산악 지형이다.
디엔비엔푸는 산악 사이에
형성된 계곡으로,
내부에는 대규모 병력이
주둔할 수 있는 평지가 있지만
산악으로 사방이 둘러싸여
밖에서 접근하기 매우 힘든 천연
요새였다.

보응우옌잡 장군은 호찌민에게 자신이 세운
작전 구상을 보고했다.
디엔비엔푸는
마치 밥사발처럼
생긴 곳입니다.

지금 그 밥사발 바닥에
증강된 프랑스 병력이
배치되어 있습니다.

저들은 우리가
밥사발 꼭대기로
올라오리라고는
생각하지 못하고
있을 겁니다.

우리는 너덧 배의 병력을 이곳으로 은밀히 집결시킨 다음
기습 공격으로 프랑스군을 쓸어버리겠습니다.

그런 대규모 병력이
적에게 들키지 않고
험한 산꼭대기까지
올라갈 수 있겠소?

그렇다. 그게 문제다. 이 작전의 핵심은 대규모 병력을
몰래 집결시켜 산꼭대기에서 바닥으로 벼락처럼
기습 공격을 하겠다는 건데 중간에 발각되면
그대로 끝장이잖아?

이 작전이랑 달리 현실성이
없어 보이는데?

역사 선생 하다가
어쩌다 군인이 된
친구라, 작전이
영~ 구리군.

그러나 보응우옌잡 장군은
이걸 해내고 말았다.
우리는 할 수
있습니다!

프랑스군은 수송기와 헬리콥터로 쉽게도 나르고 이동했던 길을 베트민들은 생고생을 하며 짐을 날랐다. 보급 물자는 자전거로 실어 날랐고,

중화기는 한 걸음마다 받침목을 괴어 가며 사람 힘으로 끌어 올렸다.

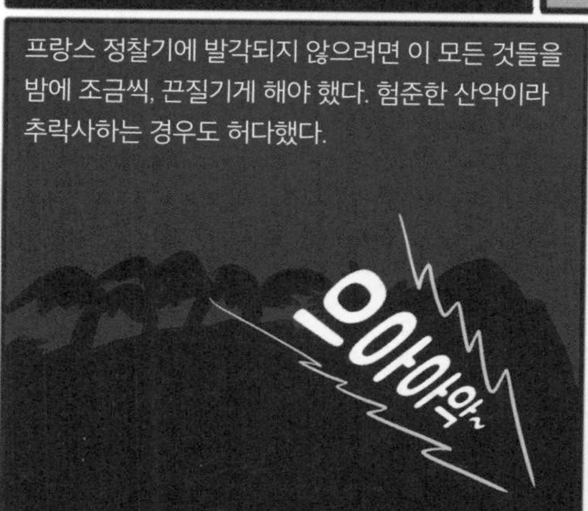
프랑스 정찰기에 발각되지 않으려면 이 모든 것들을 밤에 조금씩, 끈질기게 해야 했다. 험준한 산악이라 추락사하는 경우도 허다했다.
으아아악

어젯밤에 내 뒤에 따라오던 젊은이가 떨어졌어.
늙은 어머니에 외아들인 거 같던데 어떡하누….

그렇게 어마어마한 규모의 베트민 군대가 주위의 모든 산꼭대기에서 갑자기 나타나자 신기루를 보는 것 같았지.
베트민군 수만 명이 주위의 고지들을 전부 점령했습니다!
디엔비엔푸 부대장
드카스트리 대령

105밀리 야포까지 고지 위에 올렸습니다.
그, 그럴 리가 있나?

그럴 리가 있었다. 디엔비엔푸 바닥에 깔린 놓인 프랑스군은 완전히 포위되었다.

항공기로 병력을 보충하는 건 한계가 있었다. 더구나 유일한 생명줄인 활주로는 베트민의 집중 포격으로 금방 파괴되었다.

헬리콥터와 낙하산에만 의존하게 되자 보급은 더욱 쪼그라들었지.

질문 있어요~ 보급선이 너무 길잖아요.
이 친구 질문이 결국 맞았던 거지.

1954년 5월 7일, 보응우옌잡 장군은 마지막 총공격 명령을 내렸다.

디엔비엔푸에 남아 있던 프랑스군 11,721명이 몽땅 항복하고 포로로 잡혔다. 역사상 유례를 찾기 힘든 대참패였지.
빨랑 나와! 이 시키들.

…그날 프랑스 라디오에서는 하루 종일 장송곡만 틀었단다.
흑흑흑~ 위대한 프랑스군이 어떻게 꾀죄죄한 식민지 게릴라들에게 질 수가 있나요?

스위스 제네바에서 회담이 벌어졌다.
한국 전쟁과 인도차이나 전쟁이 끝난 후의 문제들을 다루기 위해서 침 튀기는 복잡한 협상이 벌어졌는데, 베트남에 관해 두 가지가 결정됐지.

첫째,
북위 17도선을
군사 분계선으로
모든 전투 행위를
중지한다.

북위 17도선

둘째, 17도선 이북은 베트남 민주 공화국(DRV)의 주권을 인정하지만, 이남은 베트남국이 통치한다.

베트남 민주 공화국
Democratic Republic of Vietnam

베트남국
State of Vietnam

이 약속이 지켜졌을까?
대통령 각하, 정보기관의 분석에 따르면…
latitude 17°
국민 투표를 실시할 경우, 베트남 국민의 80퍼센트가 호찌민을 지지할 것으로 예상합니다.
그럼 베트남 전체가 공산화되는 거잖아? 선거는 안 되겠군.
미국 대통령
아이젠하워
호찌민에 맞서 강력한 반공 정부를 이끌 카리스마 있는 인물을 찾아내시오!
내가 있잖소!
바오다이
당신은 그냥 바지사장이잖아.
아, 그런가?
CIA 사이공 지부에 이 임무가 떨어졌다.
이자는 너무 부패했군.
이자는 여자관계가 너무 복잡해.
엇, 이자는 여자관계도 깨끗하고 여간내기가 아닌데?
지나친 민족주의자 아닌가요?

응오딘지엠이 누구냐?
학생 때 수석만 차지한
수재로서 어려서부터
안남의 응우옌 왕조에서
고위 관료로 출세했다.
그의 가문으로 말할 것
같으면, 후에 지역의
대지주 집안이고
응우옌 왕조 내내
벼슬을 한
명문가였지.

일찍이 개종하여 독실한
가톨릭 집안이기도 했다.
둘째 형 응오딘툭은
신부가 되어 대주교에
임명될 정도였지.

대지주에
가톨릭이라는
집안 내력만으로도
공산주의와는
상극이었지만…

이때 응오딘지엠도 하노이 근처
베트민 캠프에 갇혀 있었는데
호찌민이 찾아왔대.
지엠 동지,
형님과
조카의 일은
유감스럽게
되었소이다.

다만 지도부의 뜻이
아니었다는 걸
믿어 주시구려.

그런 뜻에서
동지에게 제안합니다.
베트남 민주 공화국의
장관직을 맡아
주시오.
부디
인민을 위하여
봉사해 주시…

난 당신 같은 빨갱이들과는
가는 길이 다른 사람이오!

이러니…, 공산주의에 대한
적개심만은 믿어도 될 거야.

하지만 반프랑스
민족주의자잖아.
우리 미국에도
고분고분하지
않을 거 같은데?

그래서 이자를
잘 이용해야 돼.

응오딘지엠에게
영향을 미칠 수 있는
유일한 인물이거든.
Ngô Đình Nhu

이자가 누구냐면
응오딘지엠의 동생,
응오딘뉴다.

우리가 부탁하면 인맥을
총동원해서 최고의
비밀 정보를 물어 왔죠.
우리가 킹메이커라는 걸
알고 있었나 봐요.

쩐레쑤언(陳麗春),
아름다운[麗] 봄[春]이라는
이름 대신 마담 뉴로
불리던 이 여인,
대단한 여장부였지.

이 여인이 나중에
남베트남 역사를 뒤집는
사건을 벌이게 되니
기억해 두시길.

마담 뉴
Madame Nhu

권력을 쥔 응오딘지엠이 공산주의자들과 싸우기 전에
먼저 한 일이 있다.
남베트남 내부의 쓰레기들부터 청소해야 해.
까오다이인지 뭔지 하는 놈들부터 손을 보겠다!

까오다이가 뭐냐?
한자로 쓰면 고대(高台)인데,
말 그대로 높은 대라는 뜻이다.

베트남에서 생겨난 자생 종교였다.
절대자가 우주를 다스리는 장소인 동시에 절대자 자체를 상징하는 거라오.

세상에 있는 거의 모든 종교에서 교리를
따와서 버무려 짬뽕했다.

그래서 까오다이교의 성인들은 다채롭다.
마치 세계 위인전을 보는 것 같아. 민족주의
종교였는데도 프랑스 출신 성인들이 많았고
성 빅토르 위고
성 잔 다르크
성 파스퇴르

이태백, 쑨원, 카이사르,
셰익스피어에 레닌까지
성인으로 모셨다.
나도?

심지어는
히틀러와 무솔리니까지
성인이 될 뻔했다니까.

1920년대 프랑스 식민지 정부에 응오반찌에우라는 평범한 공무원이 있었는데…

어느 날 번개가 머리에 꽂힌 거야.
까오다이의 계시를 보았노라.

절대자의 감시하는 눈동자를 엠블럼으로 삼았는데

미국 1달러 지폐 뒷면에 있는 도안을 베낀 건지도 몰라.

교인들 사이의 상호 부조를 강조하여 먹고사는 문제에 도움이 되자 교세가 급격히 확장되었다.
응오딘지엠이 집권할 당시 베트남 인구의 무려 20퍼센트가 까오다이교 신자였을 정도였대.

독실한 정통 가톨릭 집안의 응오딘지엠으로선 그냥 넘어가기 힘들었나 봐.
이런 쓰레기들이!

더구나 곡창 지대인 메콩강 삼각주 일대에서 번성하여 이 지역은 거의 까오다이의 독립 왕국 같은 분위기였단다.
메콩강 삼각주

까오다이도 반공주의이자 민족주의 노선이라, 이용 가치가 있었지만 군대를 보내 소탕 작전을 펼쳤다.
사이비 종교가 날뛰게 놔두니 나라 꼬라지가 뭐가 되냐고?
이 나라의 공권력을 보여 주갔어!

이때 까오다이 교인의 상당수가 베트민에 들어갔다.
동무들 열렬히 환영하오.

응오딘지엠은 바오다이도 경멸했지.
왕세자로 태어난 식충이…

20여 년 전 프랑스 치하의 안남 왕국 시절부터 그랬어.
내 개혁안에 전혀 관심이 없군.

바오다이에게 한마디 하고 관료 자리를 박차고 나왔었대. 어때, 대단한 성깔이지?
폐하는 프랑스인들의 손바닥에 놀아나는 도구일 뿐입니다!

다시 현재로 돌아와서…, 이 당시 바오다이는 주로 프랑스에 머물며 국가 수반 월급으로 인생을 즐기고 있었는데…
음~ 역시 프렌치 와인이 최고야.

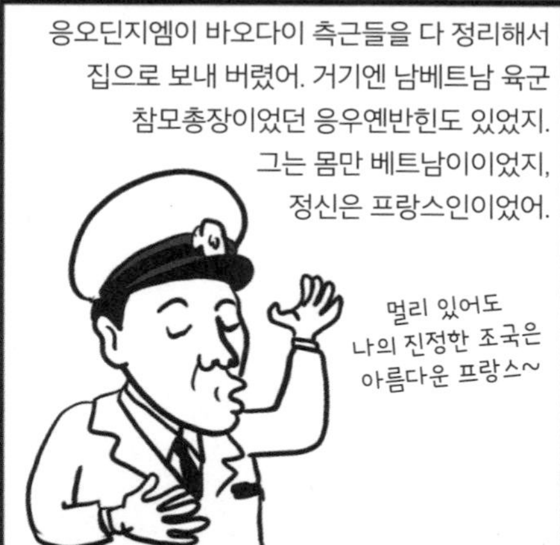
응오딘지엠이 바오다이 측근들을 다 정리해서 집으로 보내 버렸어. 거기엔 남베트남 육군 참모총장이었던 응우옌반힌도 있었지. 그는 몸만 베트남이이었지, 정신은 프랑스인이었어.
멀리 있어도 나의 진정한 조국은 아름다운 프랑스~

지엠, 그자가 나가라더군요.
응우옌반힌은 잘리자마자 바로 그리워하던 프랑스로 날아갔다.

사이공(현 호찌민)은 원래 크메르 땅에 속해 있던
한적한 마을이었다.

이런 왕정 시대 인간이 여전히 버티고 있어선 곤란하단 말이오.

니 맘대로 해~
난 그냥 이렇게
즐기면서 살 거야.

베트남 현지에서 실권을 차지하고 권력욕에 불타던 지엠에게
프랑스에서 놀고 있던 한량 바오다이가 상대가 됐겠어?
99% 대 1%

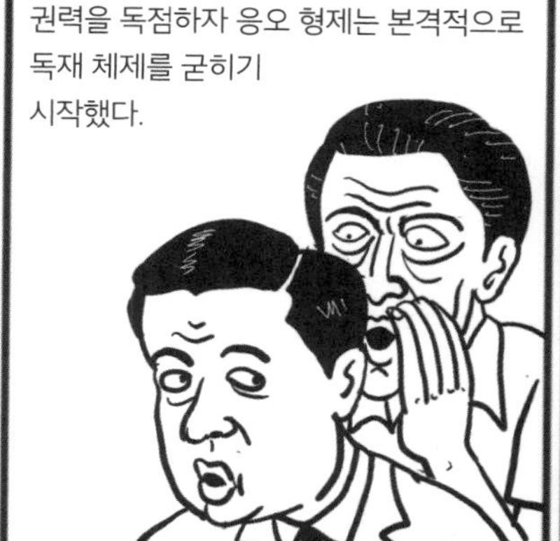
권력을 독점하자 응오 형제는 본격적으로
독재 체제를 굳히기
시작했다.

호찌민 같은 빨갱이와
싸워서 이기려면
사회 안정이 중요해요.

그러니 대통령이 비상이라고
생각하면 집회나 표현의
자유 같은 건 중단시킬 수
있게 합시다.

그리고 공산주의와 관련이 있다고
볼 수 있는 조직을 지원하는 자는
사형을 시킬 수 있는 걸로 하겠소!
1956년 8월
대통령령 47호

수틀리면 맘대로
사형을 시킬 수
있다는 얘기 아냐?

쩝~ 강력하게
반공을 하겠다는
의지의 표현으로
봐 주죠 뭐.

이래서 자유 민주 국가인 남베트남에, 공산당이 일당 독재 하는 북베트남보다
더한 독재 사회가 생겨 버렸어.

북쪽의 호찌민은 국민들과 스킨십도 잘했고
우리 집에 식사하러 한번 오세유.
김치 새로 담갔수?

누구나 알아들을 수 있는 쉬운 말로 이야기했지.
호 아저씨 연설은 귀에 쏙쏙 들어온다니까.
그래, 우리는 끝까지 싸워야 해!

호찌민의 소탈한 인간성은 프랑스에도 팬을 만들 정도였다. 전쟁이 벌어지기 전 협상을 위해 프랑스에 갔을 때 민박집 아기를 귀여워했단다.
까꿍~

무슈 호는 따뜻한 사람이었어요. 전쟁 중에도 제 딸 엘리자베스에게 안부 편지와 선물을 보내 줬죠.
민박집 주인
레몽 오브락

가난한 나라의 지도자라 선물이라고 해도 별건 아니었지만.

반면에 응오딘지엠은 뼛속까지 엘리트였다.
둘은 젊은 시절부터 인생관이 달랐지.
룰룰루~ 난 넓은 세상을 보고 싶어
쯧쯧…, 저런 식으로 아까운 인생을 허비하다니.

그래서 그는 항상 고독했다. 대통령궁에서 홀로 사색에 잠기곤 했지.
믿을 만한 사람이 없어….
내가 하늘의 뜻에 따라 이 혼란스러운 나라를 이끌어 가는 수밖에….

더구나 첫사랑에 실패한 후 평생 독신으로 살았다.
우리는… 맺어질 수 없어요. 수녀가 되기로 했거든요.

정당을 불신했고 직업 정치가들을 경멸했다. 그나마 대화할 수 있는 상대라고는 동생 응오딘뉴밖에 없었다.

그는 20세기의 절대 군주였던 거지. 고집불통 민망 황제와 비슷했어.
짐의 말만 옳도다. 오랑캐들과는 상종을 말라.

응오딘지엠의 인기가 갈수록 떨어지자 미국도 초조해졌나 보다.
이거 잘못 뽑았나?
우리 말도 안 들을 거라고 했잖아요.
각하도 밖으로 나가서 국민들과 어울리시고 그들의 뜻도 좀 들어 보시지요.
국민들의 뜻? 어리석은 백성들의 말을 다 들어 주다 보면 배가 산으로 올라갈 거요.
믿었던 응오딘뉴는 한술 더 떴다.
그렇게 다 듣다 보면 잡다한 요구 사항에 묻혀서 올바른 국정에 집중할 수 없게 되지 않겠소?
우리가 할 일은 올바른 지시를 내리고 권력으로 밀어붙여 추진하는 거요.
…
그래도 응오딘지엠은 바오다이보다는 유능했다. 단독 선거로 응오딘지엠이 권력을 잡자 남쪽의 공산당 조직은 쪼그라들었다.
남쪽만 단독 선거를 했으니 제네바 조약은 이미 깨진 거 아닙니까?
남베트남 공산당 출신인 레주언은 초조해졌지.
이대로 가다간 남쪽 조직은 전멸할 거요.
더 늦기 전에 남베트남에서 무장 봉기를 일으켜야 하오.
1959년 하노이에서 열린 15차 공산당 총회

북쪽 출신들은 반대했어.
그냥 정치 공작에만 집중하시오.
동무, 현실적으로 승산이 있겠소?

그렇다고 이대로 앉아서 당하란 말이오?

그렇다면 일부 제한적인 무력 투쟁은 허용하겠소.
호찌민이 나서서 교통정리를 했다.

그 대신 우리는 제네바 조약을 지키는 것으로 해야 하니, 남베트남 주민들이 자기들끼리 자발적으로 군대를 만든 걸로 포장하시오.

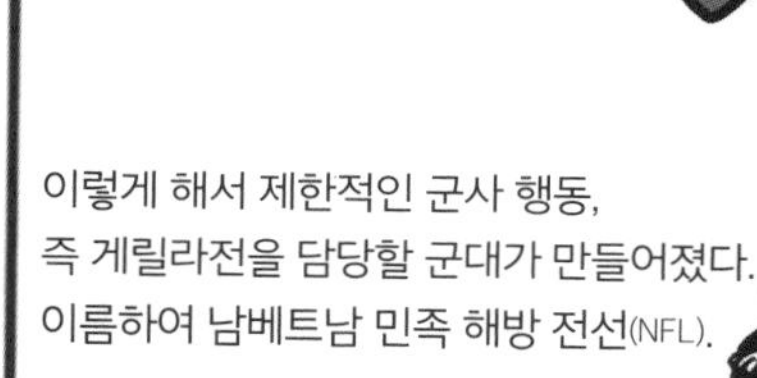
이렇게 해서 제한적인 군사 행동,
즉 게릴라전을 담당할 군대가 만들어졌다.
이름하여 남베트남 민족 해방 전선(NFL).

베트남 공산당을 줄여서 베트콩이라고 불렀다. 베트남 전쟁 당시 이런 이미지로 각인되어 있었지.

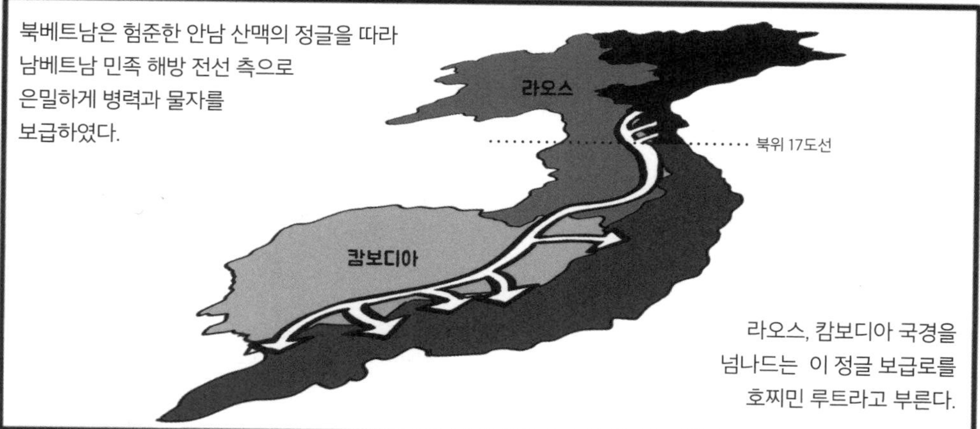
북베트남은 험준한 안남 산맥의 정글을 따라 남베트남 민족 해방 전선 측으로 은밀하게 병력과 물자를 보급하였다.
라오스
북위 17도선
캄보디아
라오스, 캄보디아 국경을 넘나드는 이 정글 보급로를 호찌민 루트라고 부른다.

인력으로 보급할 때는
자전거를 이용해 밤에
이동하는 개미 떼 행렬이었어.
디엔비엔푸 때와 비슷했지.
사이공
800km

몇 년 후 남베트남 중부의 산악과 메콩강 삼각주
일대가 남베트남 민족 해방 전선의
세력권에 들어갔다.
뭐야, 기껏
까오다이를
쫓아냈더니.

아니,
어떻게??
농민들 대부분이
호찌민을 존경하고
베트콩에
협조적이래요.

미국의 원조가 늘어날수록 남베트남 사회의 부정부패는
더욱 심해졌어. 병사들에게 갈 보급 물자는 장군들의
돈벌이 수단이었지.
쩐 장군,
미국 원조 물자
열 컨테이너만
빼 주쇼.
대금은 현금,
그리고 선불.
아시지?

우리가 그렇게나 달러와 무기를
지원했는데도!?
남베트남 군대를
도저히 믿을 수가 없군.

당시 미국은 제네바 협정 때문에
직접 전투는 하지 못하고
군사 고문단만 보냈는데
몸이 근질근질해졌어.
에이~ 우리가 직접 싸우면
한주먹감인데.

미국의 불신이 깊어 갈 즈음 응오딘지엠 정권에
결정적인 타격을 입히는 사건이 벌어졌는데···
종교 문제였어.

장소는 마지막 왕조 응우옌 왕조의 수도였으며
응오딘지엠의 고향이기도 한 후에···.
우리 가문 땅 안 밟고 이 동네 다니는 건 거의 불가능할걸.
우린 후에 대지주.

응오딘지엠이 독실한 가톨릭 신자였다는 건
이야기했었지?
남베트남을 성모 마리아께 바칩니다.
나라가 자기 거야?

둘째 형 응오딘툭이
대주교까지 오른
신부님이라는 것도.

1963년 부처님 오신 날은
응오딘툭 신부의 주교 승진
기념일과 비슷하게 겹쳤대.

후에는 마지막 왕조의
수도이면서 또 불교 전통이
강한 곳이다. 그러다 보니···

이곳 불교계는 지엠의
가톨릭 우대 정책에
불만이 쌓여 있었지.

권력자 주변에는 과잉 충성 아첨꾼들이 넘쳐난다.
이런 복잡한 상황에서 이들이 일을 저질렀어.
킁킁킁~
어디 잘 보일 건수가 없을까?

글쎄, 위에서 이런 걸 시키지는 않았을 거 같은데…,
출세가 간절한 아첨꾼 공무원들이 충성을 과시하기
위해 응오딘툭 주교의 대형 현수막을 내걸었어.
심지어 부처님 오신 날을 기념해서 설치한
장식물들을 걷어 내고 말이지.
상황이 어땠겠어?
영명하신 지도자, 민족의 광명성
지엠 대통령 각하의 형님 툭 주교님
취임 25주년 경축! 경축! 경경축!!
이봐, 어이~
왼쪽을 좀 더
올리라고.
불교계의 승려와 교인 들이
분통을 터뜨리며 항의하는 가운데
부처님 오신 날 아침이 되었다지.
오신 날
그런데 이날…,
라디오에서 나와야 할 부처님 오신 날
기념 방송이 안 나오는 거야.
알아보니 당국에서
취소시켰대.
이 방송만
기다렸는데.
방송 취소
사과하라!
사과하라!
사과하라!
과잉 충성은 브레이크가 안 듣나 봐
군대가 발포해서 시위대 9명이
숨졌다.
아이고~
내 새끼
살려 내라~
이놈들아!

이 일이 벌어지고 한 달 후, 사이공….
외국인 특파원들에게 전화가 걸려 왔다.
따리리링

내일 아침, 판딘풍 네거리에서 아주 중요한 일이 벌어질 거요. 취재를 나와 주시오.

대부분 장난 전화라고 생각했지만 몇 명은 현장에 나가 봤지.

현장에는 이미 수백 명의 베트남 승려들이 모여 염불을 외고 있었다.
나무아미타불
나무아미타불
아니, 베트남 말로 남모아지다펏~

잠시 후, 사거리 가운데로 세단 한 대가 들어와 멈추더니 한 노승이 내렸다.

노승은 사거리 한가운데에서 천천히 가부좌를 틀고 앉아 합장을 했지.

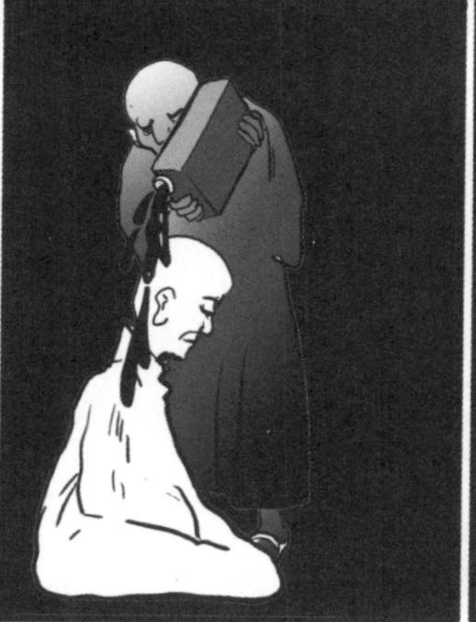

앗, 뭐 하는 거야?

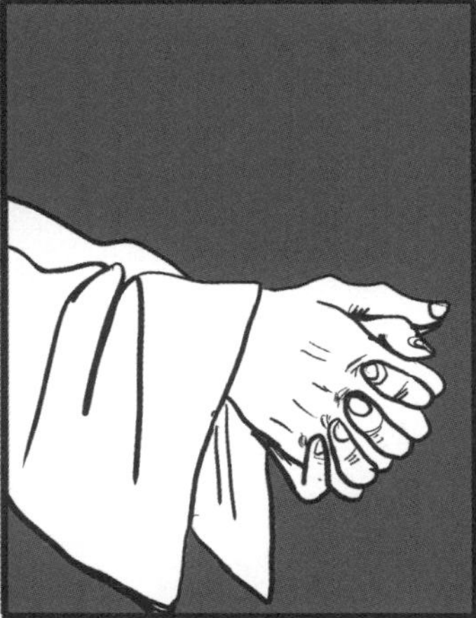

1963년 6월 11일,
사이공 시내 한복판에서 66세의 승려 틱꽝득이
응오딘지엠의 종교 차별에 항의하여 분신자살했고,
이 모습을 찍은 사진은 전 세계로 전파되었다.

베트남 전쟁이 끝난 후 CIA는
이렇게 알 듯 모를 듯한
보고서를 썼다.

"응오딘지엠이
지방 농민들의 충성심을
당연한 것으로 여길 때,
우리는 이미 주사위를
잘못 던진 것이었다."

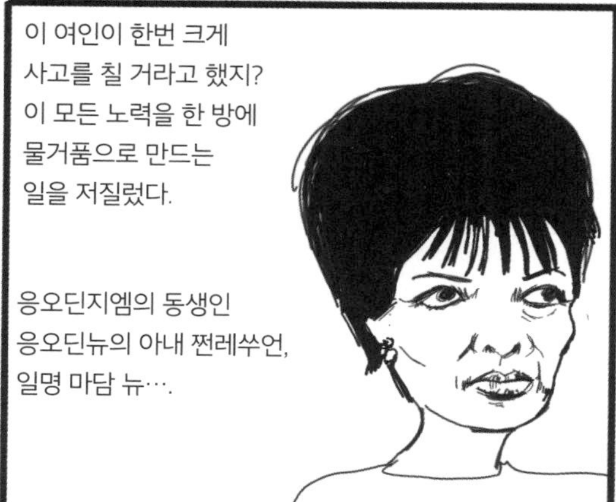

문제의 사건은 마담 뉴가
외신 기자들을 초청해
마련했던 회견장에서 벌어졌다.
생각대로 내뱉는
불같은 성격의 드래건 레이디를
이 중요한 순간에 무방비 상태로
외신 기자들 앞에 세웠으니….

마담 뉴는 프랑스어는 유창했지만
영어는 잘하지 못했다. 그날도 더듬거리는
영어로 특종에 목마른 외신기자들 앞에서
이렇게 말했다!

바

비

큐?

그 중들이
또 바비큐 파티를 한다면
전 박수를 쳐 드리죠.
호~ 호~ 호~

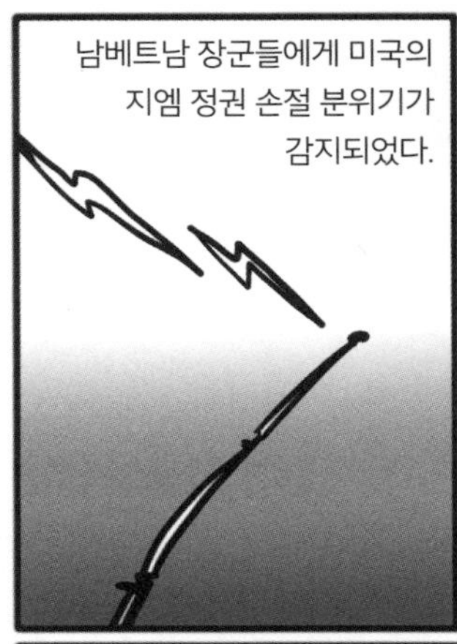

남베트남 장군들에게 미국의
지엠 정권 손절 분위기가
감지되었다.

만약에 군대가
움직인다면
미국은 어떻게
할 작정이오?

• • •

다시 한번 묻겠소.
우리가 움직인다면
미국은 어떻게 할 거요?
• • •

미국의 침묵은 무슨 뜻이겠어? 책임을 지기는 싫지만
쿠데타를 일으키더라도 모른 척해 주겠다 이 말이지.
군대는 바로 대통령궁을 습격했다.

쿠데타의 리더는 즈엉반민이었다. 덩치가 커서
빅민(Big Minh)이라 불리던 그는
항상 입술을 꾹 다문
과묵한 표정이었는데….

일본군 점령 시절, 일본 순사에게 맞는 바람에
이가 거의 다 나가서 틀니를 끼다 보니 그렇게
되었다고 한다. 그는 이 일을 평생 자랑하고 다녔대.
봐, 이빨이
하나밖에
없잖아.

옛날 미국 서부 시대 때,
총잡이들이 사람을 죽이고 나면
혁대나 총에 칼로 금을 그어서
자신의 손으로 죽인
사람들의 숫자를
표시하고 다니며
뽐내곤 했대잖아?

응오딘지엠과 응오딘뉴는 쩔런 근처
성당에 숨어 있다가 잡혀 왔는데
돌아온 장갑차 안에는…
임무 완수!

허걱~ 둘 다
주, 죽여
버렸다고?

응오딘지엠과 응오딘뉴 형제가 싸늘한
시체로 변해 있었다. 깨끗하게 단발에
처형된 것도 아니었다.
심하게 구타당하고 여기저기
칼에 찔린 처참한 상태였다.
응오 두 형제는
CIA에 의해 내세워졌다가
CIA에 의해 버려진 셈이다.

쿠데타 당시 마담 뉴는 미국 여행 중이었다.
함께 있던 딸과 베벌리힐스에 있는 한 호텔에서
기자 회견을 열었다.
통통 부은 눈을
가리기 위해
선글라스를
쓰고서.

가룟 유다가 은화 30에 예수님을
팔았듯이, 미국은 내 남편과
대통령을 배신한 겁니다.

미국은, 이걸로 끝났다고
착각하지 마세요.
이제부터 시작일 뿐입니다.

베트남 군대와 미국은
우릴 배신한 대가를
톡톡히 치르게 될 겁니다.

명심하세요.
지금부터라고요!

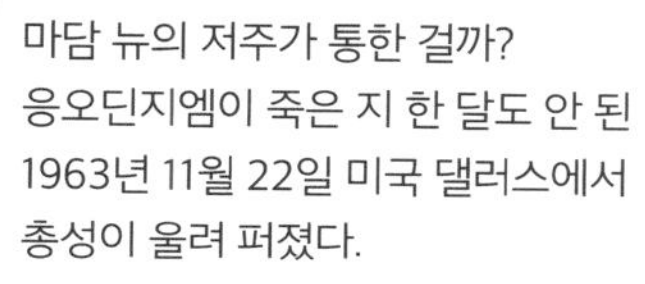
마담 뉴의 저주가 통한 걸까?
응오딘지엠이 죽은 지 한 달도 안 된
1963년 11월 22일 미국 댈러스에서
총성이 울려 퍼졌다.

타앙~

Ooh~
NO!!!

뒤엉키고 혼란스러운 베트남을…,
부통령이던 린든 B. 존슨이 떠안게 되었다.

그럼 응오딘지엠이
제거된 후, 남베트남은
평화롭게 잘 굴러갔을까?
천만의 말씀.

이 친구, 입만 꾹
다물고 있으면 다야?
덩치만 컸지
무능한 거 같아.

미국과 빅민 사이의 이런 미묘한
틈새를, 인사에 불만을
품고 있던 어느 장군이
파고들었다.
날 왜 이런
먹을 것도 없는
전방에다
보낸 거야?
우쒸~

남베트남의 군대에는 기회주의자들의
음모가 넘쳐 났는데 응우옌카인이 대표적인
출세주의자였지.
덩치 큰 빅민은
몇 개월 만에
이자에게 쫓겨났다.

처음에는 미국과
사이가 좋은 것 같았어.
출세밖에 모르니
이용하긴 좋겠어.
미국 국방부 장관
로버트 맥나마라

하지만 군부를 제대로 통제하지 못하자
신임 미국 대사와 사이가 틀어졌지.
베트남 장군끼리
싸우는 거 이제 지겨워.
계속 이런 식이라면
미국도 더 이상
도와줄 수 없다고.
우리가 언제까지
당신들 기저귀까지
갈아 줘야 돼?
미국 대사
맥스웰 테일러

이 자식,
나도 별 넷인데
왜 반말이야?

그런데 가만히 생각해 보니
겁이 나는 거야.
미국 애들
끈이 떨어지면
하이에나들이
달려들 텐데.

명예롭게 물러날 테니
미국에서 살게 해 주쇼.
...

떠나는 순간까지 공항에서 이런 쇼를 했지.
오! 나의 조국~
흙이라도 한 줌
담아 가야지.
아저씨,
다른 손님들
기다려요.

1년 반 만에 물러난 응우옌카인 뒤를 이어 등장한 장군들이
응우옌까오끼와 응우옌반티에우이다.
응우옌까오끼
응우옌반티에우

으악~ 응우옌, 응우옌~
응우옌~ 무슨 응우옌이
이렇게 많아?

북베트남의 호찌민 정권이 안정되었던 것에 비해, 남베트남은 장군들 사이에서 음모와 배신과 쿠데타가 계속 벌어졌다. 난리도 아니었지.

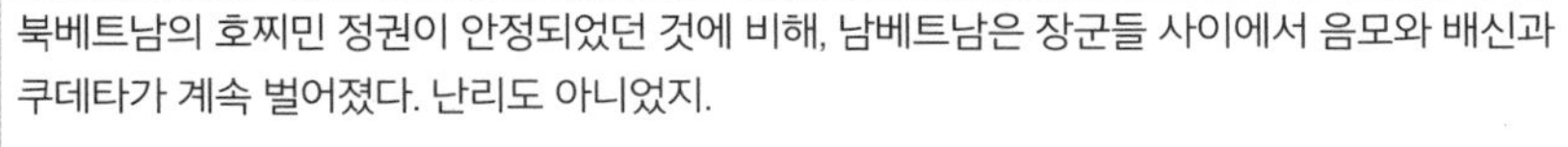

사회는 혼란스러웠고, 학생들이 벌이는 시위와 승려들의 분신자살은 일상이 되어 버렸다.

장군들끼리 싸우는 사이 남베트남군의 사기는 형편없이 떨어졌다. 탈영자가 속출했지.

제네바 협정 때 합의했던 통일 총선거를 남베트남 측에서 이행하지 않자, 호찌민은 베트콩을 활용한 전술뿐 아니라 북베트남의 정규군까지 투입하기 시작했다.

1964년 8월
국민 여러분들께 긴급 보고를 드리겠습니다. 월맹 해군은 공해상에서 정상적으로 임무를 수행중인 우리 함정에 어뢰 공격을 자행하였습니다.

사실 북베트남 근처 통킨만에서 순찰 중이던 미 해군 구축함 매독스호의 상황은 매우 혼란스러웠다.
731

이건 미국과 자유 진영에 대한 월맹의 명백한 선전 포고입니다!

날씨가 워낙 안 좋아서 앞을 보기가 힘들었고….

이게 적 어뢰 소리인지, 우리 스크류 소리인지? 그냥 어뢰인 걸로….

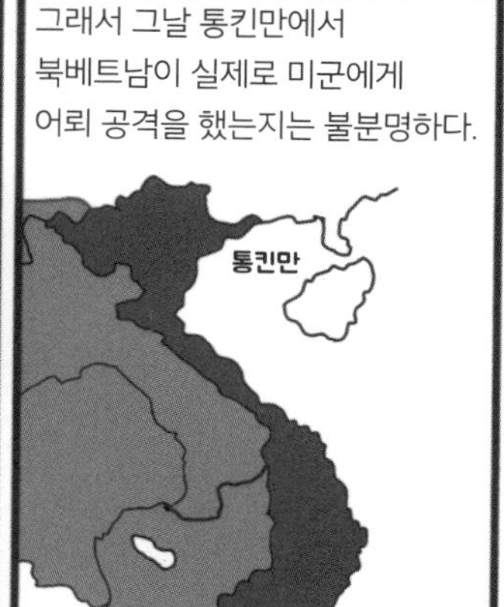
그래서 그날 통킨만에서 북베트남이 실제로 미군에게 어뢰 공격을 했는지는 불분명하다.
통킨만

하지만 분명한 게 있었지. 그건 미국의 남베트남 군대에 대한 불신, 그리고…
그깟 전쟁~ 우리가 직접 뛰면 1년 안에 끝낼 수 있을 텐데….

미국이 직접 전쟁에 뛰어들겠다는 결심.
1년은 무슨? 6개월이면 돼!

존슨 대통령도 전쟁을 원했고
나, 텍사스 사나이야! 한다면 한다고!

의회도 재빨리, 적극적으로 통과시켰다.
베트남에서 무력 사용을 포함한 모든 조치를 할 수 있도록 허락한다.
땅땅땅
하원 416 대 0
상원 88 대 2

당장 공중 폭격부터 시작한다. 출격!!
쉬이이익

• Hoan Nghênh(호안 응헨) '환영하다'라는 뜻의 베트남어

이로써 미국은 베트남 전쟁이란 늪에 두 발을 완전히 담그게 되었다.
프랑스가 디엔비엔푸에서 참패를 당하고 쫓겨나면서 떠넘긴 짐이
10년의 세월을 돌아 미국의 어깨에 지워진 것이다.

미국은 다른 나라들에도
참전을 요청했어.

오스트레일리아, 뉴질랜드,
태국, 필리핀, 한국 등이
이 요청에 응했는데
이 나라들 가운데 가장 많은
병력을 보낸 나라는
다름 아닌 우리였다.

전쟁에 뛰어들던
그때만 해도,
이 전쟁의 의미를
우리는 정확히 알지 못했다.

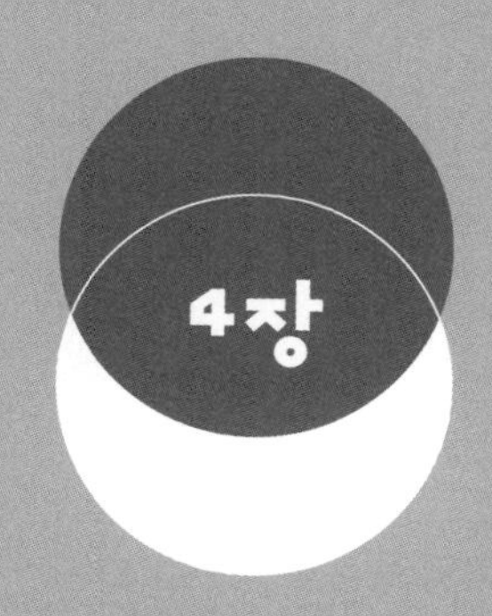

굿모닝 베트남

1964년부터 1973년까지…
이기고 돌아오라! 대한의 건아!

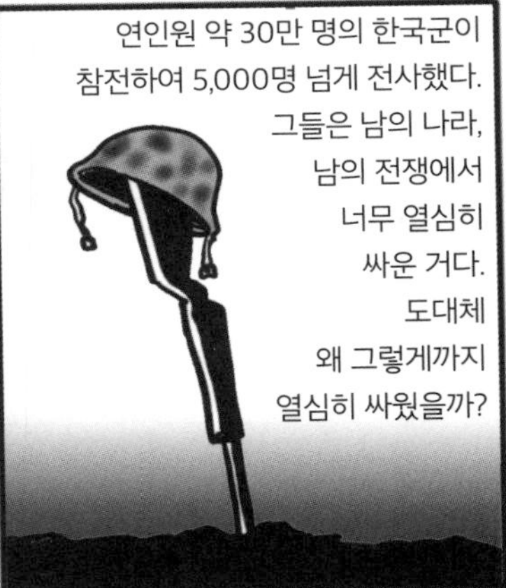
연인원 약 30만 명의 한국군이
참전하여 5,000명 넘게 전사했다.
그들은 남의 나라,
남의 전쟁에서
너무 열심히
싸운 거다.
도대체
왜 그렇게까지
열심히 싸웠을까?

베트남 파병을 결정한 1964년 당시 대한민국은
뒤에서부터 세는 게 훨씬 빠를 만큼 가난한 나라였어.
$1,100
1인당
국민소득
$124
북한
남한
아니, 북한보다도
가난했다고?
그것도 훨씬?

맞아, 그 이후로
완전 역전이 된 거지.

박정희 소장은 쿠데타를 성공시킨 후
이런 약속을 걸었는데…
국민 여러분,
이제부턴 절대로
밥은 굶지 않도록
해 드리겠습니다!
우리도 한번
잘살아 보세!

쩝, 이거 뭐 경제
발전을 해 보려도
밑천이 있어야지.
딸라가 필요해,
딸라가.

더구나 한국군 장비도 최신식 미제로 싹 갈아 준단다.

하지만 이런 경제 논리만으로는 한국군이 왜 그리도 악착스럽게 싸웠는지 설명이 되지 않는다.

한국 전쟁을 치른 지 불과 10년 남짓, 당시 대한민국은 어쩌면 세계에서 가장 열렬한 반공 국가였을 것이다. 남한을 침공한 공산 정권에 대한 적개심이 강렬할 때였지.

그 적개심이 그대로 북베트남 공산 정권에 덧씌워졌다. 당시 한국인들에게 베트콩은 바로 이런 이미지였어.

베트남 전쟁터에 보내진
한국군 병사들에게는
김일성이나 호찌민이나
똑같은 공산당이고
침략자였다.
그들은
베트남 역사를
몰랐던 거야.

베트남 사람들도
우리의 조상들처럼
똑같이
수천 년 동안

셀 수 없는
외세의 침략에
맞서서

스스로의 독립과
자유를 지키려 했던
역사가
있다는 것을….

비록 서로 총부리를 겨눴지만
베트민의 젊은 병사들에게도
사랑하는 가족과 애인과 친구 들이
있다는 것을….

자신만만하던 미국은
베트남에서 일찍이 경험해
보지 못한 전쟁을 만나게
된다.
우~ 덥군.

티 잉

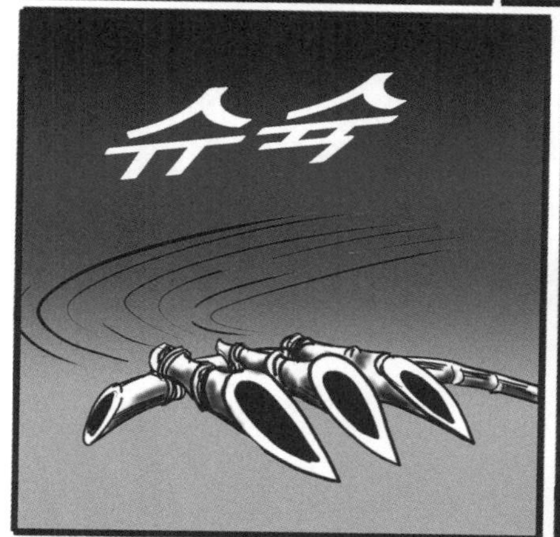
슈슉

부비 트랩이다!!
허걱!!

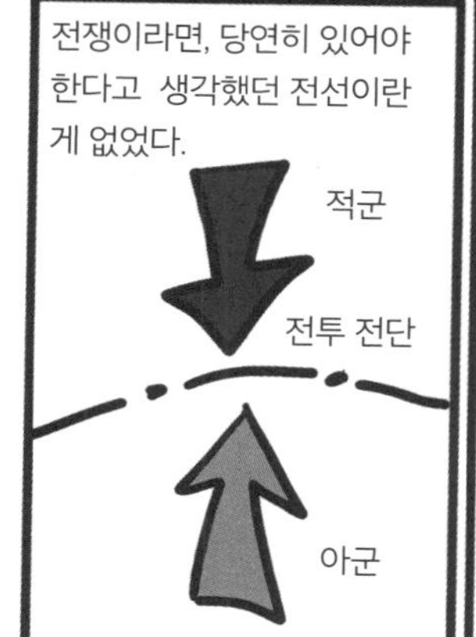
전쟁이라면, 당연히 있어야
한다고 생각했던 전선이란
게 없었다.
적군
전투 전단
아군

사방이 다 전선이었어. 언제 어디서
적이 나타날 것인지도,
방석 진지

누가 적이고 누가 양민인지도
알 수 없었다.

뉴스 말미에는 언제나
짙은 눈썹의 장군이 등장하여
씩씩하게 전황을 요약하였다.
모름지기 군인이라면
이렇게 생겨야 할 것 같은 모습의,
베트남 주둔 미군 사령관
윌리엄 웨스트모얼랜드 장군이다.

그런데 웨스트모얼랜드 장군의 호언장담을 무색하게 만든 사건이 일어났다.
오, 마이 갓!

베트민군 작전 회의

남베트남 괴뢰 정권은 부패와 내부 암투로 무너지기 직전입니다. 결정적인 한 방을 먹일 때가 왔다고 생각합니다.
응우옌찌탄 장군

그래서 과감하고도 혁신적인 제안을 하나 하겠습니다.

결정적인 한 방? 과감하고 혁신적인 작전? 어째 10년 전, 이 사람이 떠오르네….
나바르 장군

남베트남 전역에 있는 주요 도시들을 동시에 기습 타격 하자 이거지요.

하, 한 방에 올인? 너무 무모한 거 아니오?
보응우옌잡 장군

그렇다. 리스크를 안을 위험이 너무 컸다. 더구나 여러 도시에서 동시에 공격을
시작하려면 수많은 물자와 병력을 들키지 않고 제때, 제 장소에 집결시켜야 하는데
이건 거의 불가능할 정도로 복잡한 작전이야.

흐음~

동지들…
해 봅시다!

기습 효과를 최대로
높이려면…
뗏에 합시다.
1968
1월
30
(화)
보석은 하노이 청금당

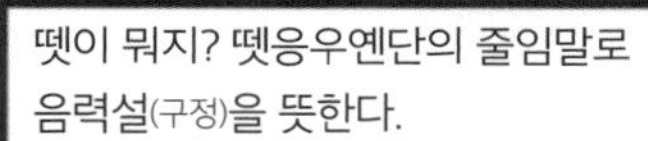
뗏이 뭐지? 뗏응우옌단의 줄임말로
음력설(구정)을 뜻한다.

우리나라뿐 아니라
중국과 베트남에서도
최대 명절이지.

탕롱성을 차지하고 잔치를 벌이던
청나라 군대를 꽝쭝 황제가
기습 공격 한 때도 뗏이었지.
淸
탕롱성
띵까띵까

그래서 이 작전을 우리나라에서는
구정 공세라고 불렀다.
제일 치열한 전투는
후에에서 벌어졌다.
너, 남베트남
경찰이지?

시가전 공방 중에 후에에서만 수천 명의 민간인이
희생됐다.

구정 공세 결과
종합 보고!
적군 피해 사상자
1만 명!
오, 대단하군.
우리 측 피해는?

우, 우리 쪽은
6만 명입니다요.

뭐야? 다섯 개
사단이 날아
갔잖아?!

구정 공세는 전술적으로는
베트민군의 패배였다.
망했군,
망했어.

하지만 전략적으로는 베트민의 대성공이었어.
이게 무슨 말이냐면… 지금부터 이야기를
들어 보면 알게 된다.
What's
wrong?

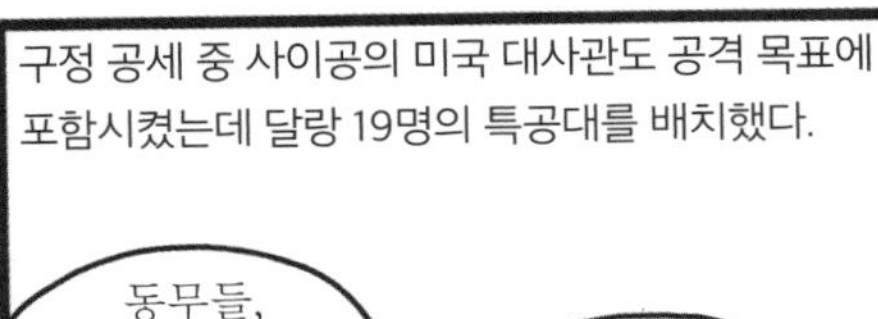
구정 공세 중 사이공의 미국 대사관도 공격 목표에
포함시켰는데 달랑 19명의 특공대를 배치했다.

동무들,
시내 한복판이라
숫자가 많으면
금방 발각될 거라,
할 수 없이….
지도

사실은 큰 기대를 하지
않았기 때문이야.
다시 살아서
보기는 힘들 거요.
건투를 빌겠소.

1968년 1월 31일 새벽에 행동을 개시한 이들은
대사관 담에 폭약으로 구멍을 내고 안으로
침투하였다.

하지만 경비병 몇 명 외에는 미 대사관에 큰 피해를
입히지 못하고 전원이 사살되거나 체포되면서
몇 시간 만에 끝났어.
MP

이 상황이 미국
텔레비전에서
방송되었다.
오늘 새벽, 베트콩이
대사관에 무모한 테러를
시도하였으나…

즉각 대응하여
적을 철저히
응징하였습니다.

하지만 텔레비전을 지켜본 미국인들의 생각은 달랐어.

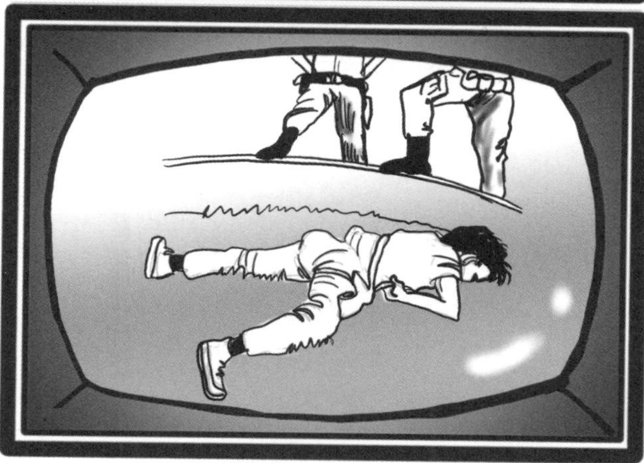

미국 일반 국민들에게 구정 공세는 충격이었다.
미국 정부의 선전을 의심하기 시작한 거지.
그런데 충격은 이게 끝이 아니었어.

2월 1일…, 첫 구정 공세가 끝난 지 얼마 안 된 어수선한 사이공 거리를 경찰청장 응우옌응옥로안이 순찰하고 있었다.

야, 거기 뭐야?

베트콩 용의자인데 아군 장교와 가족을 죽이고 다녔답니다.

그렇다면 무슨 말이 필요해? 이리 끌고 와!

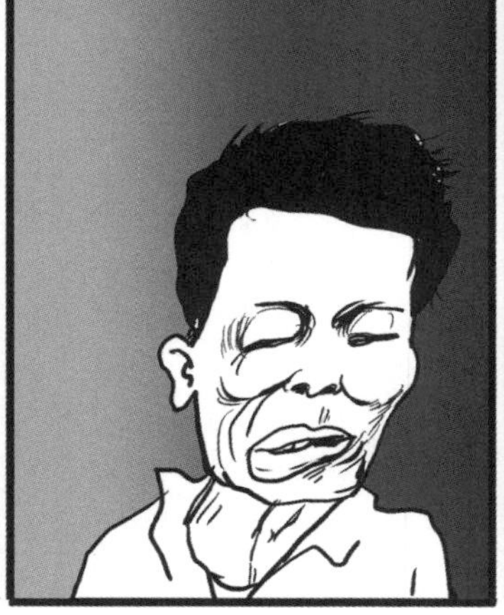

마침 현장에 미국 연합 통신의 사진 기자가
이 모습을 포착해 전 세계로 전송했다.
사진을 본 사람들은 모두
충격에 빠졌다.

이자는 비겁하게
군복도 입지 않고
우리와 당신네
사람들을 숱하게
죽인 자요.
아마 부처님도 날
용서하실걸?

이 장면을 찍은 에디 애덤스 기자는 한국
전쟁에 참전했던 미 해병대 출신이다.
그는 평생 마음의 짐을 안고 살았다고 한다.
경찰청장 로안이
옳았을지도 몰라.

에디 애덤스는 후에 이런 글을 남겼다.
"그날 그 거리에서 두 명이 죽었다.
베트콩 응우옌반램은 경찰청장 로안의
38구경 권총에 죽었지만,
로안은 나의 카메라에 살해당한 거다.
구정 공세의 그 시기에, 사이공의 뜨거운 태양
아래 내가 로안의 위치에 있었다면
나 역시 로안처럼 행동했을지 모른다.
그리고 그 둘의 죽음으로
나는 퓰리처상을 받고
돈을 벌었다."

진실은 여전히 베일에 싸여 있지만
베트콩 반램은 구정 공세 동안
남베트남군 가족을 살해하는
임무를 수행 중이었다고 알려졌다.
같은 날 신문엔 베트콩의
어린이 학살 사건 기사도 실렸지만,
사진의 힘은 위대했다.
오직 에디 애덤스의 사진에만
모든 미국인의 관심이 쏠렸다.

이 사건으로 미국인들이
베트남 전쟁에 품고 있던
의심은 더욱 깊어지고
있었다.
왜 이런 추악하고
잔인한 전쟁에
우리 젊은이들을
보내야 하는가?
The New York

이게 끝이 아니었어.
삼 연타의 마지막 피니시블로가 터진 거야.
쿠오오오오

구정 공세로 미군들이 지칠 무렵, 미 육군 20 보병 연대 1대대 찰리 중대에 핑크빌 지역을 수색하라는 명령이 떨어졌다.

찰리 중대는 최근 중대원 몇 명이 부비트랩에 희생되어 모두 신경이 곤두서 있었지.

핑크빌 일대는 베트콩 28연대의 구정 공세 본거지였고, 지금도 잔당들이 남아 있다는 첩보가 있었다.

안전장치 해제하고 자동 발사 모드로!
찰칵

1소대장 켈리 소위는 적개심과 스트레스로 폭발하기 직전이었지.

그건 다른 소대원들도 마찬가지였어.

부시럭

타타타타타탓

이때부터 집단적 광란 상태에서
만행이 벌어졌다.
뭐야?
여자잖아?
움직이는 건
다 베트콩이야!
모두 죽여 버려!!
타타타타타타
아이들만은
살려 주세요.

광란이 끝나자 베트남 중부의 평범한 시골 마을에 109구의 시체가 쌓였다. 시체 더미 안에는 어른 품에 안겨 살아남은 어린아이들도 여럿 있었다. 미군들이 핑크빌이라고 부르던 이 지역은 밀라이라는 마을이었다. 밀라이 학살은 베트남전이 초래한 가장 슬픈 비극 중 하나이다.

Get the f*** out of Nam!!
35,00 DEAD NEW YORK
구정 공세 이후로 베트남전 반대 시위가 미국 전국을 거세게 휩쓸었다. 그리고 군복을 입은 채 전쟁을 옹호하며 자신만만하던 사람들은 자취도 찾을 수 없었어.
내가 언제 뭐랬다고 그래?
그래서 구정 공세가 전략적으로는 베트민의 대승리였다는 거야.
베트남에서 다섯 개 사단을 잃었지만…
미국에서 다섯 개 군단을 얻은 셈이네!
존슨은 대통령 선거 출마를 포기했고, 공화당의 닉슨이 당선됐다.
대통령 자리도 싫소. 텍사스 목장에서 여생을 즐기겠소.
1969년 1월부터 대통령 임기를 시작한 닉슨에겐 이런 생각밖에 없었지.
어떻게 하면 망신을 당하지 않고 베트남에서 빠져나올 수 있을까?

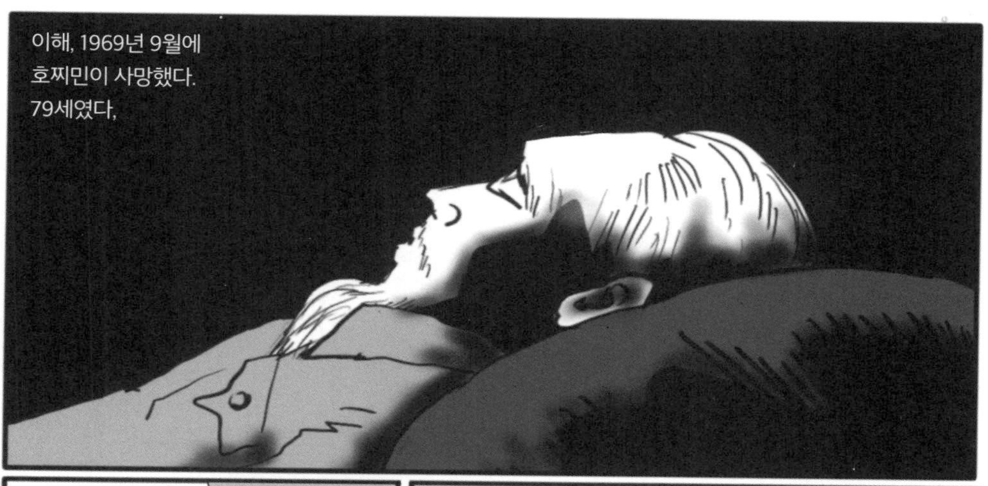

하지만 그의 장례식에는 25만 명의 군중이 모였고,
그가 독립 선언문을 읽었던 하노이 바딘 광장에는
거창한 석조 건물이 지어졌다.

호찌민 주석릉

어떤 외국 기자가 이 광경을 보고 이렇게
기사를 썼지.

초롱초롱한 눈빛으로
판보이쩌우의 강연을 듣던
소년,

넓은 세상을 보고 싶던
호기심 많은 청년,

러시아와 중국과 동남아를 누비며
혁명을 꿈꾸던 청년 공산당원,

베트남의 독립과 통일을 위하여
베트민을 조직한 독립투사,

그리고…
바딘 광장의 군중들 앞에서 떨리는
목소리로 베트남 독립 선언문을
낭독했던 정치가 호찌민….

그는 북베트남 최고의 권력자였지만 남베트남의
부패한 정치가들과 달리 평범하고 소박한 의식주에
만족했다.
일반 국민들의 삶과 다르지 않았다.
이곳이 그가 살다가
죽은 집이다.

이것이 그가 남긴 유품의 전부이다.
타이프라이터, 안경, 몇 권의 책
그리고 남루한 몇 벌의 옷.

여기서 잠깐 미국으로 가서…
미국 정치가들이 어떻게 영어를 쓰는지 공부하겠습니다.
특강 American Political English

아직 종전 전, 닉슨 대통령은 베트남 전쟁에서 어떻게든 빠져나와야겠는데 이 탈출 정책을 포장할 근사한 말이 필요했다.
도망치는 느낌이 안 나게, 그럴듯하게 얘기할 수 없을까?

뭐, 그냥 탈출(Exit)이라고 하죠?
그건 너무 노골적이야.

요건 어떻겠습니까? 베트남 전쟁의 탈미국화(De-Americanization of the Vietnam war)!

좀 낫지만 그것도 거시기해.

Vietnamization of the Vietnam war!

빙고!!
베트남 전쟁의 베트남화! 바로 그거야!
어차피 다 같은 말, 베트남전에서 미국은 쏙 빠지겠다는 거지만 이 말을 제안한 국방장관 멜빈 레어드는 엄청 큰 칭찬을 받았대.

이때부터 미국은 두 가지 길을 걸었다.
한편으로는 맹렬하게 전투를 계속했고,
한편으로는 은밀히
북베트남과 협상을 시작했다.
거기까진 어떻게
양보해 볼 테니까
이 정도 선에서
우리 체면도
좀 차려 주슈.
미국 국무장관
헨리 키신저

협상 결과는 놀라웠다.
미국은 베트남에서
군대를 철수시키지만…

북베트남은
북위 17도 이북으로
군대를 철수시키지 않아도 됐다.
베트콩의 점령 지역을
그대로 인정한 상태에서
전투 행위만 멈췄다.

5년의 협상 끝에 1973년 파리에서
종전 협정이 체결되었다.
미국 협상 대표인 헨리 키신저와
북베트남 협상 대표 레득토는
그해 노벨 평화상 공동 수상자
지명을 받았는데,
레득토는 아직 베트남에
평화가 찾아오지 않았다며
수상을 거부했다.

파리 정전 협정은 미국이 어떻게
포장하건 미국의 패배를 뜻한다.

아냐, 명예로운 평화
(Peace with honor)라고.

쉽게 말하면
'쪽팔리지 않는 평화'
이건 자기가 생각해도
쪽팔린단 얘기야.

그 세계 슈퍼 최강국
미합중국이 도대체
어떻게, 돈도 무기도
시원찮은 북베트남에
패배할 수 있었을까?

이렇게 생각한다. 미국이 베트남에서 패배한 근본적인 이유는 베트남과 미국이 이 전쟁에서 건 것이 달랐기 때문이라고.

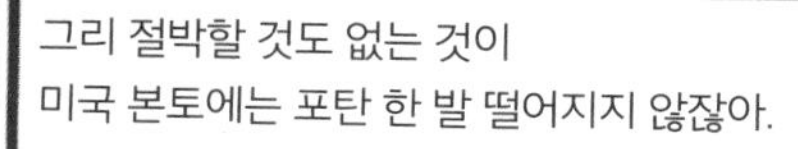

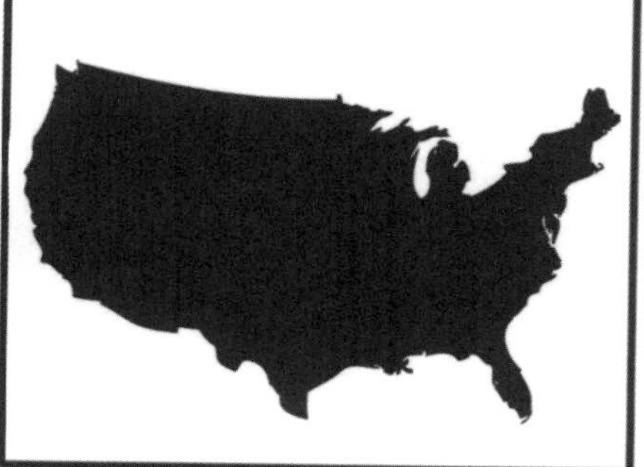

남베트남군의 사기는 엉망에다
반정부 시위는 끊이질 않았다.

• **독립궁** 남베트남 대통령궁

며칠 전 마지막 대통령
응우옌반티에우가
미국을 욕하며
탈출했기
때문에…
이건 미국의
배신이야,
배신….

독립궁에 남아 무조건 항복 문서에 서명을 하게 된
인물은 빅민이었다. 10여 년 전 응오딘지엠을
몰아냈던 그 사람.
형님만 한
체격과 맷집이
누가 있겠수?

독립궁 점령 책임자였던 부이반뚱이 빅민에게 이렇게 일장 훈시를
했다고 한다.
동무, 두렵소?
두려워할 것 없소.

오늘은 전쟁이 끝난 날이오.
베트남인 모두가 승리자지요.
패배자는 베트남인이 아니고
미 제국주의자들이란 말이오.

그러니 동무도
민족을 사랑하는 마음이
조금이라도 있다면
마땅히
기뻐하시오.

이 훈시대로, 패배한
남베트남의 국민들에게도
기뻐할 날들이 왔을까?
그럴 리가….
미 제국주의
자본주의에 물든
썩어 빠진 남베트남
인간들을 개조해
주겠어~

까이따오!!
[개조(改造)하다.]

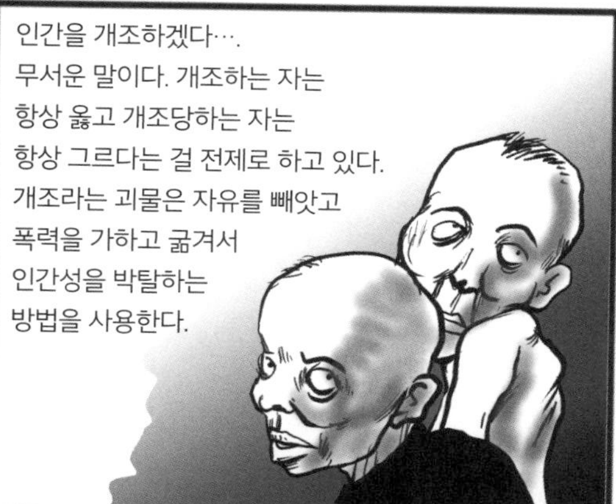
인간을 개조하겠다….
무서운 말이다. 개조하는 자는
항상 옳고 개조당하는 자는
항상 그르다는 걸 전제로 하고 있다.
개조라는 괴물은 자유를 빼앗고
폭력을 가하고 굶겨서
인간성을 박탈하는
방법을 사용한다.

개조하는 자에게
무조건 복종하게 하는,
살아도 산 게 아닌
좀비를 만드는 게
인간 개조의 목적이다.
나는 아무 쓸모없는
버러지입니다.

이 동네 인간 개조의
원조는 중국이었어.
20년 전 마오쩌둥은
이런 생각을 했지.
나의 천재적이고
기상천외한 방법으로
중국을 단번에 강대국으로
만들어야겠어.

그리고 전국적인 캠페인을 벌였는데
이름을 근사하게 붙였다.
대약진운동! 단숨에 크게
점프하겠다,
이거지.

우선 모든 농업을
집단 농장 체제로 바꿨다.
이제부터
동무 개인의
논은 없소.
집단 농장에서
복무하시오.

지도자 동지는
이런 생각도 했다.
중국도 이젠 농사만 지을 게 아니라 폼 나게 중화학 공업을 일으켜야 해.
그러려면 철이 필요한데….

전국의 무쇠솥과
농기구를 징발했다.
이걸 녹여서 공장도 짓고 중국제 전투기도 만들 거요.

주먹구구식 정책의 결과는 참담했다. 집단 농장 체제로 식량 생산량이 줄고 가뭄과 흉작까지 겹쳐 수천만 명이 굶어 죽었다. 마오쩌둥을 비판하는 세력이 나타나기 시작했지.
덩샤오핑
류샤오치
마오 주석은 이만 2선으로 물러나셔야…
이것들 봐라? 돌파구를 찾아야겠어.

공산 혁명을 무너뜨리려는 자본주의 반동들을 척결하고 중국을 개조하겠다.

이때 마오쩌둥이 이용한
집단이 사고 능력이
덜 성숙한 소년,
소녀 들이었다.
감히 마오 주석을 흔드는 자본주의 스파이들을 때려잡자!!!
이들에게 '홍위병'이라는
이름을 붙여 주고
충성을 부추겼지.

모든 지식인들은 마오의 정적들과 함께 인민재판에 끌려 나가 손자뻘, 아들뻘 되는 홍위병들에게 얻어맞고 모욕을 당했다.
여기다가 '문화혁명'이라는 얼토당토않은 이름을 붙였다.
흑방분자

먹물 먹은 것들은 죄다 노동 현장으로 보내서 인민들의 고생을 겪게 하라우!
나만 빼고~

마오의 정적들도 당연히 여기에 끼었다. 류사오치는 일찌감치 죽었고, 덩샤오핑은 농촌으로 끌려가 강제 노동을 해야 했다.
방분자 덩샤오
분류번호 391918

캄보디아에서는 크메르루주가 정권을 잡았다. 왕초 폴 포트는 이웃 베트남을 싫어하고 중국을 사모했기에 마오의 흉내를 냈는데 한술 더 떴다.
크메르루주 지도자
폴 포트

완전히 평등한 유토피아를 만들려면 조금이라도 잘난 놈은 사그리 없어져야 해. 죽여라!!

안경쟁이들은 모두 먹물 반동이랬어.
폴 포트도 홍위병처럼 사리 판단을 제대로 할 수 없는 소년병들에게 총을 쥐어 주고 앞장세웠다. 「킬링필드」라는 영화 봤어? 국민의 4분의 1이 날아갔다.

베트남의 까이따오도 중국의 문화 혁명을 흉내 냈다.
남베트남 부역자란 이유로 50만 명을 수용소에 가두고
재교육이란 걸 받게 했지.

남베트남 정권의 알맹이들은 이미 다
해외로 달아난 후였지만…

100만 명에 이르는
남베트남인들이
목숨을 걸고 쪽배로
베트남을 탈출했다.
100만 명 가운데 30만
명은 다시 육지를 밟지
못했다.

전 세계로 흩어진 보트피플 때문에
널리 퍼진 베트남 음식이 쌀국수 퍼야.
이때 담백한 북베트남식이 퍼졌겠어?
걸쭉한 남베트남식이 퍼졌겠어?

당연히 남베트남 출신 보트피플들이 먹던
남베트남식 쌀국수 퍼남이 퍼졌겠지.
한때 쿠데타로 권력을 잡았던 응우옌카인도
미국에서 쌀국수 가게를 했대.

베트남의 수천 년 역사를 딱 한마디로 하면 북거남진의 역사라고 했지? 프랑스, 미국과의 싸움은 백 년이고 중국과 싸운 북거의 역사는 천 년이 넘는다.

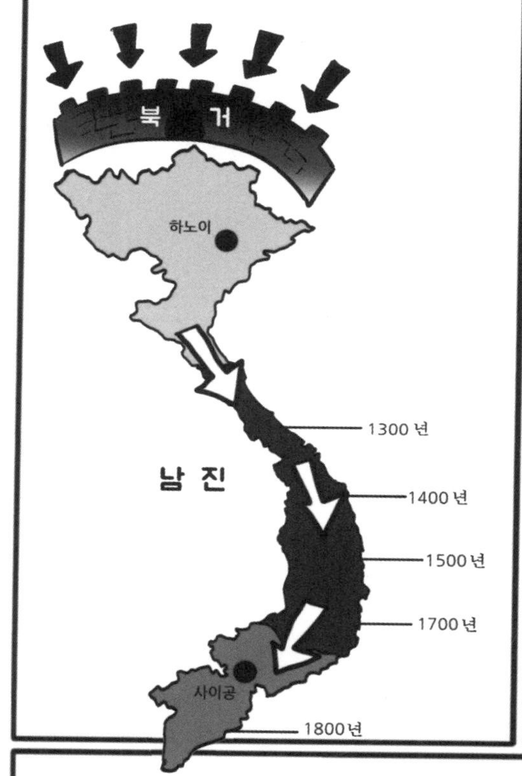

미군이 철수한 후 중국과 베트남의 관계는 껄끄러워질 수밖에 없는 거야.

전쟁에서 좀 도와줬다고 슬슬 넘보는군.

북거의 역사만 있냐? 남진의 역사도 있다. 캄보디아는 베트남 남진의 피해자였잖아. 역사의 뿌리는 이렇게 무섭다.

때마침 공산권은 소련(러시아)과 중공(중국)이 이념 논쟁으로 싸우고 있었다. 베트남은 소련과, 캄보디아는 중국과 손잡는 식으로 팀이 짜였지.

국경을 초월하여 "세계의 노동자들이여, 단결하라!" 이런 구호는 이미 헛소리가 되었어.

크메르루주가 중국을 믿고 계속 도발하자
베트남군은 1978년 크리스마스에
공격을 개시하여 보름 만에 프놈펜을 함락했다.
폴 포트가 얼마나 괴롭혔던지
베트남군은 사이공 점령 때보다
프놈펜 입성 때 더 뜨거운 환영을
받았단다.

아, 이 쉐키들이
캄보디아는
우리 구역인 거
잘 알면서….

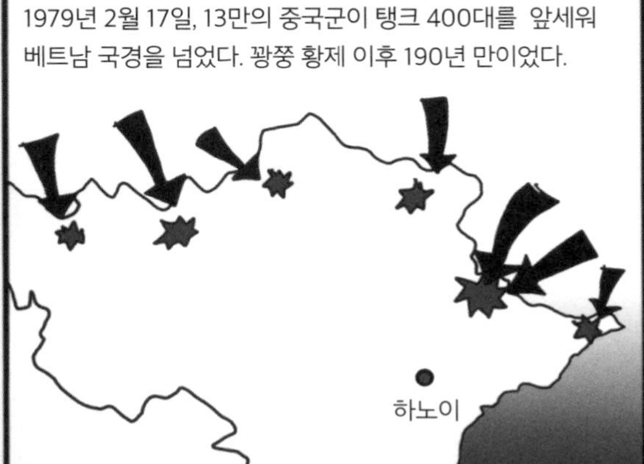
1979년 2월 17일, 13만의 중국군이 탱크 400대를 앞세워
베트남 국경을 넘었다. 꽝쭝 황제 이후 190년 만이었다.
하노이

약 한 달 후…

한 달 동안이나
혼내 줬으면 됐다.
우리가 이겼으니
이만 돌아가자.
에이~ 정말
유리했으면 그렇게
돌아갔겠어?
나도 그랬어.

무슨 개소리야?
꽁무니를 빼놓고.

이래서 베트남은 20세기에
세계 열강 프랑스, 미국, 중국에
죄다 승리를 거둔
유일한 국가가 되었다.
우주 최강!!

하지만 전쟁에서 이기면 뭐 하나? 통일 베트남의 수상
팜반동이 이런 고민을 털어놓은 적이 있다.
전쟁에
이기는 게 끝이
아니더라고요.

전쟁을 하는 게
오히려 쉬워요.
찢어지게 가난한
나라를 통치하는 건
정말 어렵군요.

게다가 세상은 급격히 바뀌고 있었다.
자유 진영과 공산권 간 냉전이 끝나고 저마다
먹고살 길을 찾아 나서고 있었다.
글라스노스트~
(개방)
페레스트로이카~
(개혁)
소련 공산당 총서기
고르바초프

까만 고양이든
흰 고양이든
쥐만 잡으면
되는 거 아니오?
문화 혁명에서 살아남은
덩샤오핑

사회주의 체제 위에 시장경제를 도입하겠다며
베트남식 개혁에 붙일 간판도 하나 작명했어.

도이머이

개혁, 쇄신… 이런 정도의 뜻이다.

베트남과의 교역을 틀어막은
미국의 이런 정책을
이렇게 불렀지.

엠바고
Embargo

그런데 1990년대 초반부터
베트남이 실종 미군 문제 해결 등
성의를 보이자 경제 제재 조치
해제 같은 관계 정상화 얘기가
슬슬 나오기 시작했어.

1967년 하노이 폭격에
나섰다가 격추되었던
조종사,
하노이 힐튼*에 갇혀
5년 반 동안
모진 고문에 시달리다가
1973년 풀려났던
전쟁 영웅이 나섰다.
이 사람이 누굴까?

• **하노이 힐튼** 베트남 전쟁 동안 미군 포로를 수용하던 하노이 호아로 수용소를 이르던 별칭

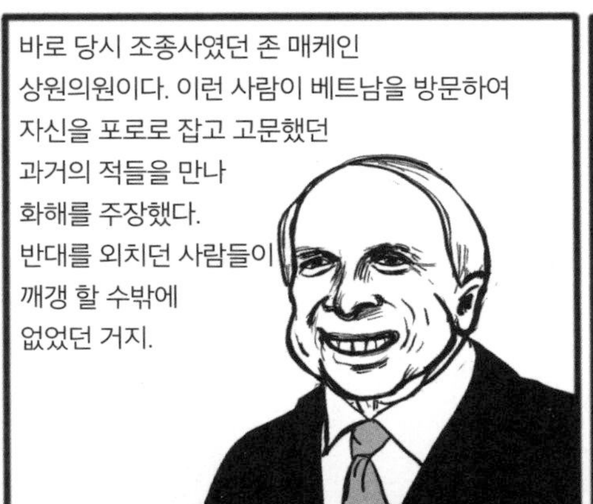
바로 당시 조종사였던 존 매케인
상원의원이다. 이런 사람이 베트남을 방문하여
자신을 포로로 잡고 고문했던
과거의 적들을 만나
화해를 주장했다.
반대를 외치던 사람들이
깨갱 할 수밖에
없었던 거지.

우리 친구가
될 수 있지?
그지?
그럼, 과거는
잊고 미래를 향해
나아가야지.

우리 같은 사람들도
화해해야 한다는데
웬 말들이….
여기에
해군 고속정을 지휘하며
세 번이나 부상을 입고도
전쟁에 복귀했던
존 케리 상원의원도
합세했다.

결국 1994년에 엠바고가 해제되고,
1995년 국교를 수립했다.

우리나라는 이보다 3년
앞서 1992년에 외교 관계를
정상화했다.
대사 동지,
남조선 아새끼들이
들어왔답네다.
간나 새끼들 건물이
어째 우리 꺼보다
더 좋지 아이하니?
진달래식당
랭면
김치찌개

외교 관계가 정상화된 이후
대한민국과 베트남의
경제 교류는 점점 늘어나

대한민국은

베트남에 투자를 많이 한
나라들 가운데 하나가 되었다.

베트남은 중국인들의
끊임없는 침략을 받았고
프랑스 군대와
일본 군대와
미국 군대가
줄지어
들어왔으나…

어느 누구도 베트남인들의 자유를 영원히 빼앗지 못했다.
그래서 베트남인들의 역사와 민족에 대한 자존심은
무척 강렬하다.

베트남에선 다른 동남아 국가와
달리 우리나라나 중국과 같은
대승 불교가 발전하였다.

게다가 중국의 영향을 강하게 받은
한자 문화권, 유교 문화권 나라다.

세계에서 단 세 나라가
유교 경전으로 시험을 쳐서
공무원을 뽑았는데
바로 중국, 한국,
베트남이다.

이처럼 베트남은 자신들이 속한 동남아 국가 이웃들보다
오히려 우리나라와 더 가까운 문화를 가지고 있다.

그들은 우리처럼 근면하고 자존심 세고
잘살아 보려는 의지가 강한 사람들이다.

베트남과 대한민국이 서로의 역사와 문화를 공부한다면
서로를 이해하고 존중할 수 있다.
그렇게 된다면 비슷한 사고방식을 가진 두 나라는
더할 나위 없이 훌륭한 파트너가 될 것이다.

반대로 한국인의 경제 발전에 대한 자부심과
베트남인의 역사에 대한 자존심이 부딪친다면
어려운 일이 생길 수 있다.

우리는 서로를 이해하고 서로를 존중해야 한다.
그러려면 공부하고 알아야 한다.

한눈에 보는 베트남 역사 (이 책을 중심으로)

신화 시대

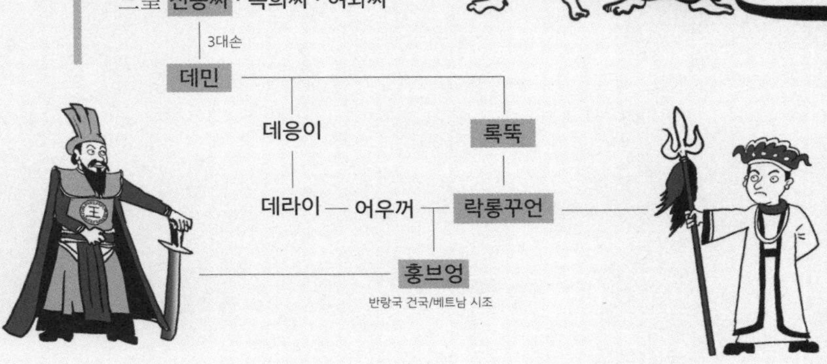

기원전

257	어우락 건국
203	남비엣 건국
179	어우락 멸망
111	남비엣 멸망, 한 군현 설치

기원후

40	쯩 자매(쯩니, 쯩짝) 대 중국 항쟁
939	응오꾸옌, 응오 왕조 수립
968	딘보린, 딘 왕조 수립
980	레호안, 레 왕조(전여 왕조)

1009 리꽁우언(리타이또, 리태조), 리 왕조 수립

재위	휘	시호	묘호
6대(1138~1175)	리티엔또		영종
7대(1175~1210)	리롱깐		고종
8대(1210~1224)	리삼		혜종
9대(1224~1225)		찌에우호앙데(소황제)	

1225 쩐투도 정권, 쩐 왕조 수립

1대 쩐타이똥(진태종)

2대 쩐타인똥(진성종)

1258 몽골 1차 침입

1285 몽골 2차 침입

1287 몽골 3차 침입

1400 호꾸일리, 호 왕조 수립

1407 명나라, 호 왕조 침공

1428 레러이(레타이또, 레태조), (후)레 왕조 수립

5대 레타인똥(레성종)

8대 레우이묵데(레위목제)

1527 막당중, 막 왕조 수립

1771 떠이선 출신 삼 형제 반란

응우옌반냑

응우옌반능

응우옌후예

1778 떠이선 꾸이년 왕조 수립

1786 28대 레찌에우통(레민제), 청에 파병 요청

응우옌후에 청군 격파

1788 떠이선 푸쑤언 왕조 수립

1789 (후)레 왕조 멸망

1802 잘롱 황제, 응우옌 왕조 수립

재위	휘	연호	묘호
1대(1802~1820)	응우옌푹아인	잘롱(가륭제)	세조
2대(1820~1841)	응우옌푹끼에우	민망(명명제)	성조
3대(1841~1847)	응우옌푹뚜옌	티에우찌(소치제)	헌조
4대(1847~1883)	응우옌푹티	뜨득(사덕제)	익종
6대(1883)	응우옌푹탕	히엡호아(협화제)	·
8대(1884~1885)	응우옌푹민	함응이(함의제)	·
13대(1925~1945)	응우옌푹티엔	바오다이(보대)	·

1857 뜨득, 가톨릭 신부 처형

1858 프랑스-스페인 다낭 상륙

1859 프랑스-스페인 연합군 사이공 점령

1883 후에 조약

통킹과 안남을 프랑스 보호령으로 한다는 조약

1885 껀브엉 운동(~1889)

프랑인 추방, 함응이 추대 목적

1887 프랑스령 인도차이나 성립

1905 판보이쩌우, 동유 운동

청의 영향을 받은 개혁 운동

1907 판쭈찐, 동경의숙 설립

교육·문화 개혁, 꾸옥응으 권장

1919 호찌민, 베르사유 회의 참가

1924 베트남 혁명 청년 협회 조직

1930 베트남 공산당 결성

1940 일본, 인도차이나 북부 진주

1941 베트남 독립 동맹회(베트민) 결성

1945 베트남 민주 공화국(북베트남) 수립

1946 제1차 인도차이나 전쟁(~1954)
1949 베트남국(바오다이) 수립
1954 디엔비엔푸 전투, 제네바 협정 조인
위도 17도선을 경계
남북 총선거 무산
1955 베트남 공화국(남베트남, 응오딘지엠) 수립
1960 베트남 민족 해방 전선 결성(베트콩)
1963 응오딘지엠 정권 붕괴

1964 제2차 인도차이나 전쟁(베트남 전쟁)
통킹만 사건
1964 한국군 파병
1973 미군, 철수
1975 제2차 인도차이나 전쟁 종결
1976 베트남 사회주의 공화국 수립
1979 제3차 인도차이나 전쟁(중월 전쟁)
1986 도이머이 정책
1991 중국과 수교
1992 한국과 수교
1995 미국과 수교

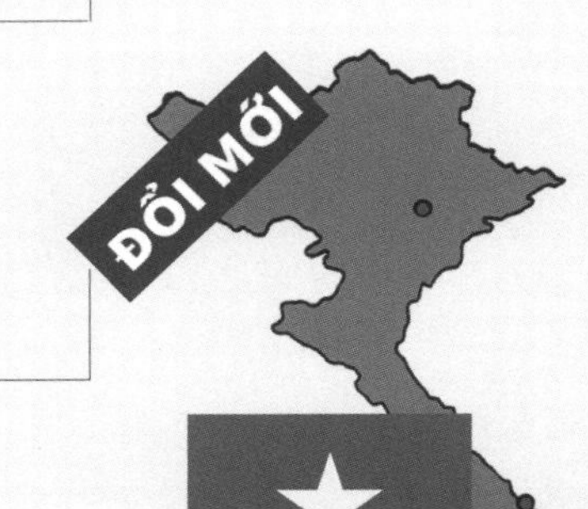

1976 베트남 사회주의 공화국

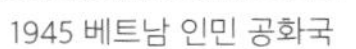

1945 베트남 인민 공화국

1960 베트남 민족 해방 전선

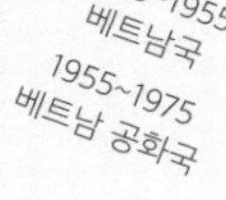

1949~1955 베트남국
1955~1975 베트남 공화국

우리가 꼭 알아야 할
베트남 역사 이야기

1판 1쇄 인쇄 2022년 12월 7일
1판 1쇄 발행 2022년 12월 16일

지은이 신일용
펴낸이 김성구

책임편집 김지용 고흥준
콘텐츠본부 고혁 조은아 김초록 이은주
디자인 이영민
마케팅부 송영우 어찬 김하은
관리 김지원 안웅기

펴낸곳 ㈜샘터사
등록 2001년 10월 15일 제1-2923호
주소 서울시 종로구 창경궁로35길 26 2층 (03076)
전화 02-763-8965(콘텐츠본부) 02-763-8966(마케팅부)
팩스 02-3672-1873 이메일 book@isamtoh.com 홈페이지 www.isamtoh.com

ISBN 978-89-464-2230-8 04080
ISBN 978-89-464-1885-1 04080(세트)

값은 뒤표지에 있습니다.
잘못 만들어진 책은 구입처에서 교환해 드립니다.